北京市社会科学基金研究基地项目
项目号：14JDJGB032

我国传统新闻出版企业
与数字新媒体融合发展路径研究

华宇虹 徐冲冲 靳莉娜 吴宇飞 孙雨蒙 于晓菲 / 著

知识产权出版社
全国百佳图书出版单位

图书在版编目（CIP）数据

我国传统新闻出版企业与数字新媒体融合发展路径研究 / 华宇虹等著 . —北京: 知识产权出版社，2017.8

ISBN 978-7-5130-5082-1

Ⅰ.①我… Ⅱ.①华… Ⅲ.①电子出版物 – 出版工作 – 研究 – 中国 Ⅳ.①G237.6

中国版本图书馆CIP数据核字(2017)第 202410 号

内容提要

传统媒体融合发展是新时期新型主流媒体和现代传播体系建设的必由之路。传统媒体融合发展的首要目标是重塑主流媒体地位、服务于打通两个舆论场的时代任务；而构建以强关系为基础的用户池是融合发展得以实现的基础所在。目前，我国传统媒体融合发展探索出了两个路径：一个是传统媒体集团内部的体制外转型；一个是传统媒体集团与新媒体集团的合作创新。两种路径之间可以交互使用，形成融合发展的合力。

责任编辑：卢媛媛　　　　　　责任出版：孙婷婷

我国传统新闻出版企业与数字新媒体融合发展路径研究
WOGUO CHUANTONG XINWEN CHUBAN QIYE YU SHUZI XINMEITI RONGHE FAZHAN LUJING YANJIU
华宇虹　等著

出版发行：	知识产权出版社 有限责任公司	网　址：	http：// www.ipph.cn	
电　话：	010 – 82004826		http：//www.laichushu.com	
社　址：	北京市海淀区气象路50号院	邮　编：	100081	
责编电话：	010 – 82000860转 8597	责编邮箱：	luyuanyuan@cnipr.com	
发行电话：	010 – 82000860转 8101	发行传真：	010 – 82000893	
印　刷：	北京中献拓方科技发展有限公司	经　销：	各大网上书店、新华书店及相关专业书店	
开　本：	720mm×1000mm　1/16	印　张：	13	
版　次：	2017年8月第1版	印　次：	2017年8月第1次印刷	
字　数：	212千字	定　价：	45.00元	

ISBN 978 – 7 – 5130 – 5082 – 1

目　　录

|第三篇　我国传统期刊与数字新媒体的融合发展研究|

第一篇

我国传统出版企业与
数字新媒体融合发展研究

第1章 研究概况

1.1 研究背景

随着科学技术的飞速发展，任何传统产业都要在变革中寻找新发展，传统图书出版产业也是如此。

西方传媒产业得益于科技的发展，在对媒介融合的探索中，不断进行发展模式和生存之路的探寻。国内对媒介融合的系统研究相对较晚，但是近几年媒介融合的议题不断充盈于生活中，学界、业界，以及国家政策对其关注也越来越多。在信息技术日新月异，新媒体蓬勃发展的今天，我国传统媒体由于传播技术手段的落后、形态单一等问题受到很大的冲击，面临着市场被抢夺侵占、影响力下降、舆论引导和议程设置能力，包括市场主导能力被削弱等问题。

媒体实力是文化软实力的重要组成部分，得益于数字媒体技术的发展，新媒体成为传统出版传媒传播发展的新载体、新平台。媒体融合发展已经成为全世界媒体共同面对的一场"风暴"，媒体的融合发展已成共识，传媒产业的融合趋势势不可挡。互联网的发展直接地促进了新媒体的崛起，在媒介融合发展的大背景下，该如何寻找作为文化内容产业的传统图书出版与新媒体融合发展下的出路？如何协调传统出版媒介与新媒体的平衡？如何在逐渐模糊的产业边界中找到传统图书出版的定位？这些都值得我们去思索去探究。

自从印刷术诞生以来，图书作为最古老的文化信息传播的载体之一，传统图书出版是当之无愧的传统媒体的代表。新媒体时代，互联网计算机技术广泛应用到传媒产业，促进了传统媒介与新媒体融合的转变。传统出版媒介的领导者都在致力于寻找在新时代里新的经济增长点。世界范围内的科技进步，媒介融合和变革是互联网时代传媒业发展无法逆转的趋势。技术的发展，给新媒体带来了空间，也给传统媒体带来挑战和机遇。

媒介融合的发展速度远远先于理论研究。互联网电子技术的革新，使得传媒产业的格局生态重新洗牌分布，传统图书出版与新媒体的融合发展具有一定的复杂性，在融合发展的过程中两者又各有优势。适应全球传媒格局变化，提升核心竞争力，应对数字革命和新兴媒体的挑战，是中国共产党第十八届三中全会提出推动传统媒体和新兴媒体融合发展，巩固宣传思想文化阵地、壮大主流思想舆论做出的战略部署。对新兴媒体发展及媒体融合的规律性探索，可以丰富传播学及管理学相关理论，有助于我们更好地认识新媒体的本质。同时，也可为传统图书出版企业进行转型升级，更好地实现社会价值和经济价值提供思路。

1.2　相关概念界定

1.2.1　媒介融合的内涵

只要有新的媒介出现并有其优越性，新旧媒体之间就免不了冲突。然后，经过时间和实践的沉淀新旧媒介找到平衡相处的方式，直至再次回到某种相对稳定状态。但是竞争和合作的状态，会在新旧媒体间始终存在。在融合的时代趋势下，传统媒体和新媒体各自保有自身非常明确的优势。传统的分析逻辑"取代"或"共存"或多或少的都些有失偏颇。业界和学界以新的分析框架"媒介融合"继续进行学理上和实践上的探索。

同媒介融合观承上启下的还有媒介竞合观、媒介整合观。媒介竞合观出现在广播电视诞生的时期，它是指在竞争的基础上合作，在竞争与合作中共存，是新旧媒介最终形成的局面。在这一阶段出现的媒介合作、互补的观念可以统称为媒介竞合观。

媒介整合观的出现伴随着计算机应用技术的发展，这种观点认为网络在不断的发展进程中，媒介会边界消失，甚至媒介自身概念也会消失（杨溟，2013）。进入新世纪互联网脱缰野马般的发展速度，促使媒介整合阶段出现。借助互联网平台，我们的社会传播活动在终端、传播技术、传输方式等方面逐渐趋同，进一步引起内容生产和表现形式、内部组织机构结构、所有权等方方面面的变化。所有的信息都指向一个目标——"融合"。伴随这个进程的推进，媒介边界从模糊到消失，再到水乳交融，不分彼此，就是媒介整合观。

为了更清晰地理解媒介融合，我们需要进一步区分媒介竞合观和媒介整合观。若以媒介间的共存共荣作为融合的结果，就属于媒介竞合观；若以媒介间边界消失甚至媒介自身概念的消失作为结果，就属于媒介整合观（杨溟，2013）。

出现在20世纪80年代的媒介融合概念是时代的产物。80年代西方的经济全球化开始加速，默多克等一批老牌传媒业大亨开始在世界范围内进行媒介产业的扩张，兼并重组风起云涌，媒介产业跨行业、跨媒介的特征鲜明。社会发展加上技术进步，媒介间的互补合作借鉴达到空前高度。初期的媒介融合概念仍然属于竞合观的范畴。直到21世纪初期"第四媒介"的互联网崛起，传统媒介与新媒介间关系问题再次被聚焦。

2005年我国学者蔡雯在《从"超级记者"到"超级团队"—西方媒体"融合新闻"的实践和理论》中引入媒介融合观这一观念。她认为媒介融合值得关注的是媒介间的合作模式，而不是集中了不同媒介的操作平台（蔡雯，2007）。融合首先会带来业务和管理流程的变化，高层次管理人才、全能型编辑、记者会成为最需要的两类人才（蔡雯，2005）。在蔡雯的描述里，媒介融合和融合媒介没有区别。我们印象里对媒介融合定义的众口不一，就是来源于蔡雯引入的媒介融合观。虽然不同于传统的竞争合作逻辑，但是带有媒介整合观这一过渡阶段的特征。

随后，有学者提出异议，认为媒介融合不应该仅仅指代媒介之间的合作。2007年，陈浩文在《再论媒介融合》一文中，认为媒介融合的核心是不同媒介功能和传播手段的融合（陈浩文，2006）。

中国人民大学的彭兰教授认为"媒介融合"分几个阶段："①业务融合；②市场融合；③渠道的融合和终端的分离；④组织机构融合"（彭兰，2006）。这些观点与我们现在大部分资料里看到的观点基本上一致。这也说明媒介的形态、功能、传播方式、组织结构等要素在不断进行汇聚，直到融合，是一个连续统一的进程。

当进入媒介融合时代，媒介间边界已经消失，彼此实现融合，那究竟什么是媒介融合的内涵呢？我们认为媒介融合首先是一种趋势。从不同媒介的互补合作，到基于媒介功能的由分到合，这些变化都是媒介发展历程中必然的阶段。同时，媒介竞合是媒介融合的萌芽，而媒介融合是我们科技水平发展到高级阶段的进程。所有的文字、图片、视频等信息可以统一进行信息编码，汇聚于一体，因此传统媒介也可以进行数字化转型，实现网络化发展。最后，从事物发展的静态呈现角度看，媒介融合还是一种结果。技术和社会的发展导致媒介的出现，然后科技和社会发展的不平衡使得媒介之间的发展有了差异，科技和社会的进一步发展又导致媒介间差别的消失。这一复杂发展过程呈现的结果我们称之为媒介融合（蒋宏，徐剑，2006）。

我们所探讨的媒介融合皆是在这一范畴内。

1.2.2 新媒体的内涵及基本特征

（1）新媒体的内涵。资料显示，最早使用"新媒介"一词是在1967年的美国。美国哥伦比亚电视广播网的技术研究所在公开发布的相关计划中第一次使用"新媒介"一词。1969年，美国相关机构在向尼克松总统提交的报告书中，多处使用"新媒介"。因此，"新媒介"在美国社会开始被接受，而后成为一个流行词汇（Alberts，2000）。

对一个概念进行界定总是一个复杂的事情。结合目前文献资料以及学界对于新媒体的定义，本研究所指的新媒体是包含特定技术、实践和社会组织的信息与传播系统，这是不同于传统大众媒体的信息传播系统。

在技术层面，以信息网络技术为基础，重组或融合了多种不同的传播技术，使单一媒体转化成为全媒体。在实践层面，新媒体是由过去单向的大众传播模式，变为多向网络传播模式。消极的受众作为传播活动的主体，也由主动积极的行动者所代替。在社会组织层面，新媒体互相依存的网状结构，与工业时代自上而下的线性传播模式大有不同。

（2）新媒体的基本特征。作为信息时代的传播媒介，我们认为在Web1.0、Web2.0到Web3.0阶段的逐步递进发展过程中，新媒体的基本特征是有迹可循的。

①数字化：整合为包容一切的传播平台。

②多媒体：得益于数字技术，信息内容可以全部通过新媒体平台传播。纸质印刷时代更多是文字图片的感受。

③互动性：这是区别于传统媒体最大的特征。传统出版媒体由专业机构操作进行的是一对多的传播，而网络则是互动式传播。

④网络化：每个用户和个体都是网络中的节点。每个人都参与到信息的生产制作和传播网中。

⑤个性化：个人的诉求日渐突出，人们对信息具有选择权和控制权。例如我们可以进行私人定制，如雅虎、谷歌等定制服务。我们也可以选择关注什么不关注什么，如选择关注喜欢的微信订阅号、微博关注对象。

⑥分众化：新媒体下信息内容可以满足不同群体的受众，使得有特殊需求的群体也可以便利地获得信息。

1.3 国内外研究概况

1.3.1 国外研究概况

媒介融合最早的概念来自于1983年《自由的科技》中提到的"传播形态融合"。作者伊契尔·索勒·普尔认为:"数码电子科技的发展是导致历来泾渭分明的传播形态聚合的原因。"(凯文·凯利,2014)

国外媒体融合实践出现较早,媒体及其融合发展大体上经历了三个阶段:媒介互动阶段、媒介整合阶段、媒介深度融合阶段。

从源头追溯,新媒介广播的诞生,使得媒介融合概念具备了基本的条件。

第二次世界大战后电视又以新媒介的姿态引领媒介的发展。在这一过程中,相对新媒介而言的旧媒介并没有被取代或消亡,不同媒介之间反而共生共荣。换言之,新媒介的出现持续影响着所有现存媒介的发展,旧媒介也会不断适应变化。

随着超级传媒集团在世界范围内的规模经济和范围经济优势凸显,产业所有权和组织管理层面的融合成为媒介融合的表现之一。这种融合发生在媒介领域,也发生在媒介产业和其他产业之间。

网络时代来临,美国西北大学的李奇·高登教授对媒介融合的初级形态进行了说明,他从所有权融合、战略性融合、结构性融合、信息采集和表达融合等层面归纳总结了网络新媒介时代媒介融合的类型。他还从技术、媒体组织和新闻生产操作三个层次对媒体融合进行研究。

这一时期,在外国学者的研究中,美国新闻学会媒介研究中心主任Andrew Nachison强调:"媒介融合更多是指各个媒介之间的合作和联盟。"(克里斯·安德森,2006)道尔在 *Media ownership: Economics and politics of convergence and concentration in the UK and European Media* 中，认为媒介融合是指电子通信技术、计算机技术和媒体的融合（陈昕，2015）。詹金斯在《MIT Technology Review》一文中则详细阐述了媒介融合的五种形式：技术融合、经济融合、社会或组织融合、文化融合和全球融合。因此，国外关于媒体融合的理论研究不仅对媒介之间，媒介与计算机、新媒体的融合进行探讨，同时也涉及到从技术融合、产权融合、文化融合到组织结构融合等媒体融合实践的层面。《Managing Media Convergence:Pathways to Jounalistic cooperation》（管理媒介融合：记者合作的路径）和《Media Organizations and Convergence:Case Studies of Media Convergence Pioneers》（媒介组织与融合：媒介先驱融合案例研究）是在媒介组织层面的研究（惠宁，2012）。同时，《尼曼报告》中谈及了媒介融合带给相关从业者对自身技能和素养的恐慌和担心（孟建，赵元珂，2006）。美国密苏里大学学者在中国人民大学的主题演讲中指出媒介融合是不可逆转的潮流。

媒介融合的事实一定是早于"媒介融合"的概念出现的，西方对于媒介融合的研究较早，传统图书出版与新媒体融合的研究更多地体现在所有权融合、组织管理层面、出版流程层面，在相关从业者素质等方面也有一定的研究。

1.3.2　国内研究概况

自2005年蔡雯教授关于媒介融合的研究论文发表，并在学界和业界引起关注，由此开启我国关于媒介融合的研究。由于我国传媒业的改革自2009年全面启动，2010年是我国媒介融合推动传媒产业变革发展的变革年，因此我们将统计的时间分节点选为2010年。

根据文献梳理，可以大致看出近几年关于传统图书出版的议题分布状况。

2010年以前的议题分布，较有价值的集中在以下几个方面：

（1）在数字出版相关的方面：2007年学界对传统图书出版的研究在《国外出版商发展数字出版的特点及给我们的启示》、《对快速发展我国数字出版产业的思考》等文中体现为密切关注数字出版的发展动向。《数字出版：传统出版产业链的价值延伸》从产业链视角分析传统图书出版内容提供者角色的转变。《博客与传统出版的比较及互动研究》从媒介生态学的角度描述两者互动共生的传播系统，提出两者间的竞争互动关系，结合传统图书出版的实际提出了建议。

（2）在传统图书出版与新媒体关系的探索方面：2008年陈驹在《论我国图书出版的媒介融合——以畅销书为例》一文中，以9个畅销书个案为例，探讨了传统图书出版出现媒介融合的原因，并以辩证的眼光看待融合发展的意义。2009年魏悦在《浅谈图书出版媒介融合现象》一文中谈到传统图书出版与新媒介的互动。王丽霞在《图书出版与影视传播互动研究》中，从图书出版的角度看影视传播对其的积极作用；从影视的角度分析对图书出版对其的艺术风格影响。

2010年后的议题内容明显更丰富，数量也更多。

（1）在关于传统出版与新媒体融合发展的阶段认知方面：《媒介融合：图书出版业独特融合之道》一文认为"图书出版业的媒介融合，媒介融合是怎样成为人们无需求证的现实的"（徐沁，2008）。

（2）关于融合发展的现状：吕进在《媒介融合和消费文化前景下的图书出版业研究——以文学类图书为例》中，从消费文化的语境和融合趋势角度出发，分析传统的图书出版业遇到的问题，同时进行反思。

（3）关于新媒体技术在传统图书出版融合发展中的应用问题：张成良，于海飞在《媒介融合下的"创作出版论"与系统优化》中认为新媒体技术推动了媒介融合的进程，新的传播方式对于优化出版发行系统效率、图书选题时效性、出版周期具有重要意义。李晓明《浅谈新媒体在美术类图书出版中的应用》中提到了MPR点读技术、"ILSL/MPR"复合数字出版技术、AR纸数互动移动阅读技术的应用。

（4）关于融合发展中传统图书出版竞争力培养方面：杨玲在《媒介融合视阈下的出版企业动态能力构建与培育机制研究》中认为"出版环境的动态性对于出版企业动态能力和出版企业绩效具有驱动作用，出版企业动态能力在环境动态性和企业绩效之间具有中介效应"。张文红《继承与突破——从传统出版媒介到跨媒体出版》一文关注了范围经济效应下传统出版核心竞争力的打造。

（5）关于传统图书出版与新媒体融合发展路径研究：杨丽丽的《传统图书出版与电子音像出版融合发展的思路及措施》从专题出版、精品出版，数字化转型方面提出了融合路径；孙倩倩的《数字时代移动媒体出版的发展》从版权保护、数字出版技术创新、阅读习惯培养等方面提出思路；于洪洋的《我国杂志书与新媒体融合发展研究》从提供个性化服务、提升用户阅读体验、社群经营、品牌产业链延伸角度提出融合发展对策；管尤升在《浅析传统美术类图书出版与新媒体的融合》中，提出建设美术数据库的融合路径。

（6）关于传统图书出版企业增值问题的研究：荣萍萍《产业融合背景下我国出版企业影视增值模式研究》、靳易斯《我国出版企业影视增值策略研究》两个文章中分别从增值模式和增值策略角度出发，与影视开发进行结合，对这一议题进行了积极探索。冷秋丽在《媒介融合视角下的图书附属版权产业价值分析》一文中敏锐地注意到了基于传统图书出版主权利衍生出的附属版权问题，并提出要重视附属版权的增值价值。谢珺《出版转型过程中的内容符号化偏向——媒介融合背景下出版物周边产品开发的原因与价值分析》关注出版物周边商品的商业价值。

（7）传统图书出版媒介融合过程中的人才问题：马文娟的《全媒体时代图书编辑的必备意识和能力探讨》主要关注融合时代图书编辑的素养和能力问题。

　　这种蓬勃又富有生机的研究证明了媒介融合观在引进我国之后与实践发展的恰逢其时。

　　综合现有的文献和传统图书出版媒介融合的议题分布看可以看到，从产业层面、企业层面到具体的实践层面学术界对传统图书出版与新媒体的融合已经有了较多的研究，对于两者融合发展中存在的问题和策略也提出了许多有意义的建议。但是一些深层次的问题依然无解，甚至被忽略，一些认识还有较多的分歧。

　　媒介融合的动力来自无法阻止的技术进步，也来自我们对信息的强烈需求。因此我们有充分的理由需要对传统图书出版与新媒体的融合发展进一步进行探究。

第2章 融合发展背景及我国图书出版企业的战略选择

2.1 我国传统图书出版企业融合发展的经济社会背景

如果说工业革命成果的标志之一是创造了"在轮子上奔驰的人类"，那么信息时代最富成果的标志就是创造了在"媒介上腾飞的人类"。

21世纪被称为信息时代，是因为信息科技革命空前凸显了信息的价值。新媒体技术的持续开发和创新，传统图书出版与新媒体的融合发展脱离不开其赖以存续的政治、经济、文化、技术背景。

2.1.1 政治层面

在文化产业发展规划和文化产业振兴规划中，我国明确把新闻出版产业作为重点发展的产业之一。"十三五"规划建议提出了到2020年文化产业要成为国民经济支柱性产业的要求。自从2015年"两会"上，李克强总理在政府工作报告提出制定"互联网+"行动计划之后，互联网+文化，也成为文化产业领域的新趋势，文化产业越来越受到各地政府的重视，互联网催生了很多文化产业新业态，也创造了更多机会。

党的十八大以来，在全国宣传思想工作会议、党的十八届三中全会和全面深化改革领导小组第四次会议上，习近平总书记的重要讲话规划了媒体融合的发展方向和战略目标。

2014年通过的《关于推动传统媒体和新兴媒体融合发展的指导意见》进一步明确了媒体融合的原则要求和具体路径："要优势互补、一体发展，坚持先进技术为支撑、内容建设为根本，推动传统媒体和新兴媒体在内容、渠道、平台、经营、管理等方面的深度整合。"

随后，刘奇葆在中宣部召开媒体融合发展座谈会上提出的《加快推动传统媒体和新兴媒体融合发展》进一步为媒体融合发展提供方向。

政治政策上的顶层设计，为我国包括传统图书出版在内的传统媒体产业的融合发展转型，提供了强有力的支持。传统图书出版产业把握市场需求的变化，运用信息生产力阶段的后发优势，科学合理优化调整产业结构，作为文化产业重要组成部分的传统图书出版产业要把握千载难逢的历史发展机遇。传统图书出版的从业者更不应该错过这一机遇。

2.1.2　经济层面

经济的无边界浪潮势态的发展，是媒介融合的基本经济前提。产业的发展遵循着"农业→轻工业→基础产业→重化工业→高附加值加工工业→现代服务和知识经济"这种上升运动规律（惠宁，2012）。20世纪90年代以来，数字化技术、通信技术和计算机技术的发展，众多的行业之间开始相互渗透和融合，诸多行业之间的边界走向模糊。正是这样的变化，全世界范围内大规模并购、重组的"无边界"浪潮出现。

同时，资源配置和整合的方式也开始改变，新业态不断出现，形成新的经济增长点。新经济重要的特征就是产业边界模糊，这也直接改变了传统的产业结构。

消费市场对产业结构改变的反应，就是消费的无边界化。得益于互联网技术的发展进步，传统消费的时空限制趋于消失，互联网消费成为一种无边际的活动。同时消费者和受众多样化、个性化的消费需求也是经济领域推动媒介融合的重要动力。传统媒体只能实现一种模式的大众化信息消费，而新媒体"为人类打开了通向感知和新型活动的大门。"（孟耀，2015）

传统图书出版在这一背景下，可以结合"二八定律"和"长尾经济理论"，通过互联网传播效应培育和凸显自己的图书或企业品牌知名度，进行业务转型和盈利模式的新探索，通过新经济方式实现社会效益和经济效益。

2.1.3 文化层面

回溯我国哲学思想的发展，天人合一、万物相容的思想可以成为传统媒体与新媒体融合发展的思想基础。同时，老庄道家学说、佛教中的"共存"和生物学中的共栖都有相通的一面。

当下的媒介融合时代，基于细分专业垂直领域的资源整合，以及多元化的业态，彼此共生共存、共融共赢的状态和趋势，是同我国传统哲学的核心思想一致的。我们渴望与自然和谐融洽相处。日本著名的建筑理论家黑川纪章就曾提出过"异质文化的共生时代"这一理念，这是文化多样性共生的理念。

传统图书出版与新媒体的融合发展与我国哲学文化的内核精神一致。

2.1.4 技术层面

网络和数字技术裂变式发展，云计算、大数据等新一代信息技术广泛应用，改变了传统的内容生产者和消费者的角色定位；数字出版、按需印刷、云计算、电子商务等信息时代网络技术与传统行业结合，带来媒体格局的深刻调整。截至2015年底，数字出版产业规模已突破3300亿元，是我国新闻出版业所有门类中增速最快的领域，占比达到17%。预计到2017年，我国数字出版行业市场规模将达5841亿元。信息技术的发展为新闻出版产业创新业态、实现战略转型创造了更加有力的发展条件。崭新的技术环境给新闻出版业带来巨大冲击的同时也带来前所未有的机遇。

2.2 我国传统图书出版企业融合发展的网络环境

21世纪新经济秩序建立的基础一定是传统产业与生物工程技术、信息化技术等的融合（杨溟，2013）。技术使融合发展更具实现性。科技是第一生产力，是产业转型最重要的推动力。以终端融合为特质的泛传媒产业生态正在形成，不仅包括传统媒体，电信、金融、IT等更多非媒体也加入进这个新的生态圈。

因此，传统图书出版与新媒体的融合发展在迅速发展的信息技术支撑下，在新的生态系统背景下，将会有更多更大可能的转型发展空间。

2.2.1 总体网民规模

截至2017年6月，我国网民规模达到7.51亿，半年共计新增网民1992万人。互联网普及率为54.3%，较2016年底提升1.1个百分点（见图2-1）。

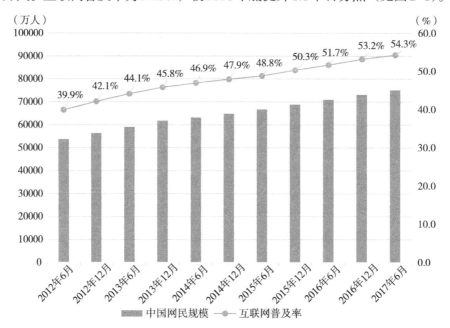

图2-1　中国网民规模和互联网普及率

（来源：CNNIC中国互联网络发展状况统计调查）

2017年上半年，我国网民规模增长趋于稳定，互联网行业持续稳健发展，互联网已成为推动我国经济社会发展的重要力量。以互联网为代表的数字技术正在加速与经济社会各领域深度融合，成为促进我国消费升级、经济社会转型、构建国家竞争新优势的重要推动力。

2.2.2 手机网民规模

截至2017年6月，我国手机网民规模达7.24亿，较2016年底增加2830万人。网民使用手机上网的比例由2016年底的95.1%提升至96.3%（图2-2）。

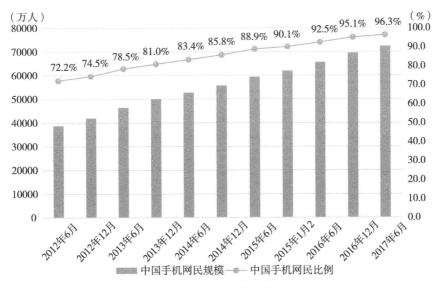

图2-2 中国手机网民规模及其占网民比例

（来源：CNNIC中国互联网络发展状况统计调查）

随着我国移动互联网进入稳健发展期，行业整体向内容品质化、平台一体化和模式创新化方向发展。首先，各移动应用平台进一步深化内容品质提升，专注细分寻求差异化竞争优势；其次，各类综合应用不断融合社交、信息服务、交通出行及民生服务等功能，打造一体化服务平台，扩大服务范围和影响力；最后，移动互联网行业从业务改造转向模式创新，引领智能社会发展，从智能制造到共享经济，移动互联网的海量数据及大数据技术的应用，为社会生产优化提供更多可能。

2.2.3　以电脑接收为终端的互联网使用情况

表2-1　2015年12月—2016年12月中国网民各类互联网应用的使用率

应用	2016年12月		2015年12月		全年增长率（%）
	用户规模（万）	网民使用率（%）	用户规模（万）	网民使用率（%）	
即时通信	66628	91.1	62408	90.7	2.8
搜索引擎	60238	82.4	56623	82.3	4.7
网络新闻	61390	84.0	56440	82.0	2.6
网络视频	54455	74.5	50391	73.2	2.0
网络音乐	50313	68.8	50137	72.8	0.2
网上支付	47450	64.9	41618	60.5	9.3
网络购物	46670	63.8	41325	60.0	8.3
网络游戏	41704	57.0	39148	56.9	−0.1
网络文学	33319	45.6	29674	43.1	3.7
在线教育	13764	18.8	11014	16.0	7.0
论坛/BBS	12079	16.5	11901	17.3	−9.1

（数据来源：中国互联网信息中心CNNIC）

根据表2-1数据，即时通信、搜索引擎、网络新闻、网络视频、网络音乐、网上支付、网络购物、网络游戏、网络文学等项目的网民使用率均已很高。对比2015年，网上支付、网上购物、在线教育、网络文学、网络视频等都有了确定性的增长。从表中数据我们可以看出新媒体在生活中已无处不在，新媒体与现实生活场景结合密切。

2.2.4　以移动终端为载体的互联网使用情况

表2-2　2015年12月—2016年12月中国网民各类手机互联网应用的使用率

应用	2016年12月		2015年12月		全年增长率（%）
	用户规模（万）	网民使用率（%）	用户规模（万）	网民使用率（%）	
手机即时通信	63793	91.8	55719	89.9	8.3
手机网络新闻	57126	82.2	48165	77.7	7.5
手机搜索	57511	82.7	47784	77.1	9.7
手机网络音乐	46791	67.3	41640	67.2	6.5
手机网络视频	49987	71.9	40508	65.4	8.7
手机网上支付	46920	67.5	35771	57.7	18.7
手机网络购物	44093	63.4	33967	54.8	18.0
手机网络游戏	35166	50.6	27928	45.1	8.3
网络文学	30377	43.7	25908	41.8	8.5
手机论坛/BBS	9739	14.0	8604	13.9	-1.7
手机在线教育课程	9798	14.1	5303	8.6	31.8

（数据来源：中国互联网信息中心·CNNIC）

通过与互联网终端应用的使用对比，我们发现使用手机应用排名顺序几乎没有变化，排名前列的依然分别由即时通信、网络新闻、手机搜索、网络音乐、网络视频占据。在手机新媒体应用使用率增长上，情况也相差不大，增长最快的网上支付、网上购物、网络游戏、网络文学、在线教育等。但是移动互联网应用的使用年增长率明显高于以电脑为接收端的互联网使用率。

互联网、移动互联网已强势介入我们的日常生活，阅读、娱乐、在线教育等。并且我们发现在一定商业逻辑和满足个人需求因素的双重主导下，媒介融合使得传媒业竞争的范围和边界在不断扩大。媒体边界的日益模糊已是既定事实，依赖单向信息垄断进行传播的盈利模式注定崩溃。具体来说，在应用领域，信息传播为主和娱乐为主向社会化服务领域转型；在服务领域，由于个性化需求的涌现，媒介逐渐从信息服务向平台服务发展，信息内容的交互方式和呈现方式更加多样化。

这样重大的趋势性的变化，势必会影响传统图书出版的变化。因为逆趋势而动的行为很难得到市场的认可。新媒体的多元化和多样性，最大限度地发挥注意力经济的效应，使得包括传统图书出版在内的传媒业未来竞争的激烈程度和不确定性大大增加，也迫使传统图书出版的融合发展方向也必须要考虑与用户的需求结合得更加紧密。

传统图书出版企业寻求新的发展路径不可能脱离主业，另起炉灶。因此媒介融合下的传统图书出版必须在主业优势之上，确定超级内容提供商的定位，继而寻找主业之外的盈利点和盈利模式。在可以预见的未来，传统图书出版不是以信息媒、内容媒的形式存在，而是以"商品媒"和"服务媒"的形式开启新的发展阶段。

2.3 我国传统图书出版企业在媒体融合背景下的战略选择

2.3.1 经济租金与竞争优势

作为文化创意产业的重要组成部分，新闻出版业在我国经济增速整体放缓的大环境下仍保持了比较理想的增速。随着互联网、移动互联网技术的发展及普遍应用，社会公众尤其是青少年群体的阅读习惯悄然发生改变，传统出版企业的商业逻辑、盈利模式面临着新兴媒体的不断挑战，传统出版企业的竞争优势正在慢慢被侵蚀。

关于竞争优势，理论界并无统一界定，通常被定义为厂商获得超常业绩的能力。为什么有些企业能超越竞争对手获得更为出色的业绩，企业如何获得和保持竞争优势以及竞争优势的根源问题是战略管理领域最根本的问题。(Teece D J, Pisano G, Shuen A, 1997) 基于资源能力观、融合战略理论各派观点的经济租金理论，能够更全面地解释企业超常业绩及其来源等问题。

企业经济租金是指企业所创造的总收益在支付了所有成员的参与约束条件后的剩余，即企业总收益减去各要素参与企业的机会成本收益（即其在市场中的个体收益）的总和。企业经济租金理论强调，企业参与市场竞争本身是一种有目的的寻求和获取企业经济租金的理性行动。经济租金理论提出了三种关于企业超常业绩的解释：一是基于受到保护的市场势力而产生的垄断租金，二是有凭借企业拥有特异资源产生的李嘉图租金，三是依靠企业动态更新能力的熊彼特租金。基于目前传媒市场特征，李嘉图租金及熊彼特租金的获取是在媒体融合的技术背景下，传媒企业保持竞争优势的根本原因。

李嘉图租金的创造是企业拥有独特资源要素的结果。在大卫·李嘉图看来，决定企业存在以及市场行为的因素，除了竞争这一既定的制度因素外，还有企业拥有的其他企业或者竞争对手没有的知识和生产要素。这些知识和生产要素在自然状态下亦称为资源的异质性，即有价值、稀缺、难以模仿和无法替代，这种要素或资源的异质性也说明企业的资源禀赋不同。这种租金创造机制将企业最终所有的利润都归因于稀缺资源的所有权问题(Barney，1986)。

熊彼特租金也可以说是由于企业家创新而产生的经济租金，因而也称为"企业家租金"，来自于不确定环境下由于企业预见和风险偏好产生的创新，是企业对现有资源能力重新更有效率地生产经营的结果。企业通过创新行为所产生的潜在获利能力或创新打破现有企业的竞争优势来获得租金，这种租金根源于企业家的知识、敏锐的洞察力、承担风险和创新精神。(项保华，邵军，2004)

虽然传媒产业链各环节资本的不断聚集及媒体技术的不断创新使得传

统出版企业的生存发展面临极为严峻的考验，但也为这些企业的蜕变，为其发展壮大提供了有利契机。目前传统出版与数字新媒体的融合发展已经开始走向全面与纵深。在巩固既有优势的基础上持续主动地与新媒体、新技术融合，实现转型升级，重塑竞争优势是我国传统出版企业的必然选择。这一点从我国出版传媒上市公司的战略选择中可见一斑。

2.3.2 媒体融合背景下我国出版传媒上市公司的战略选择

在媒体融合大背景下，出版传媒上市公司及旗下出版、发行机构做出了战略选择，具体见表2-3。

表2-3 出版传媒上市公司发展战略一览表

序号	公司名称	公司战略
1	城市传媒	公司以"传承文化、传播知识、传递幸福"为使命，以版权资产管理、运营为核心，以"资本积累、品牌积累"为阶段目标，立足市场化的城市特色出版传媒模式，持续创新文化产品提供方式及实现载体，构建内容资源与新媒体、新业态相互支撑融合的产品体系，充分利用资本市场平台，让文化、市场、科技和资本要素融汇集聚，将自身打造成为拥有较强实力和传播力、公信力、影响力的新型媒体企业。
2	出版传媒	公司坚持稳中求进的总基调，坚持深化供给侧改革，乘着辽宁老工业基地新一轮振兴的强劲东风，围绕改革主线，以加强内部管理为保证，以重点项目为抓手，以资本运作为杠杆，紧盯市场，打造精品，推进公司稳健快速发展，早日迈进全国出版主流第一方阵。
3	凤凰传媒	以深化改革为动力，以文化创新为先导，以转型升级为主线，以融合发展为重点，实施深化改革、全面创新"双轮驱动"，努力打造以内容创壹为核心，以优质物业为依托，以数字技术为基础的多元化新传媒企业。
4	南方传媒	围绕"创新驱动，加快转型"的主线，以文化守望者，知识摆渡人为职业使命，增强自主创新能力，以数字化转型为抓手，夯实优化原有出版、传媒产业链；依托、发挥渠道优势，并购与创业双轮驱动，发力拓展新媒体和泛教育产业链，精心培育新的产业利润增长点，充分利用上市平台的融资功能，快速形成以出版传媒为"一体"，新媒体+教育、兼并重组+对外投资为"两翼"，实现"文化+金融""文化+科技"融合发展，打造最具活力和成长性的出版传媒企业。

续表

序号	公司名称	公司战略
5	时代出版	创新是企业的主旋律，是推动改革发展的第一动力。坚持创新发展，一是着力于"转模式"。不断创新业态，确立新的经济增长点，切实推动各业务板块提质增效。二是着力于"调结构"。继续推进结构优化、转型升级。坚持主业带动多元，加大对产业链上下游的延伸力度，继续推进跨地区、跨所有制发展。在产品上，依托新媒体新业态、新技术新力量，大力推进供给侧结构性改革，满足用户不断增强的个性化需求。三是着力于"聚资源"。继续加大相关相近业务板块的整合力度，强化资源聚集，推动形成集群效应加快推进"外联内合"，坚持做强公司在手业务和兼并重组"两手抓"，实现公司内外双轮驱动的增长态势。四是着力于"树人才"。不断创新人才使用机制，进一步健全考核机制，加快薪酬制度改革进度，营造积极向上、争先创优的工作生态，为公司发展夯实智力基础。
6	天舟文化	公司将发展战略确定为"三三战略"，即经过三个发展阶段、做好三个产业板块、成为"三化"集团。公司已完成从图书发行企业向文化产业集团的转型，聚焦教育、泛娱乐、文化三大板块。公司通过内生发展与外延并购，积极布局教育资源与服务、移动互联网娱乐、优秀文化的传承与传播三大领域，并向"集团化、国际化、文化化"的产业蓝图稳步迈进，打造国内一流的文化产业集团。
7	皖新传媒	围绕"改革、创新、发展"主题，秉承"善其身、济天下"的核心价值观，通过"传统主业提升与转型、资本市场和实体经济双轮驱动"两大战略举措，用金融资本融合驱动产业成长，以文化教育为核心，推动公司从传统文化企业向数字化平台企业转型，成为人们终身学习教育的集成商和服务商。
8	新华文轩	立足出版传媒业本质，把握国际文化产业发展趋势，以"互联网+资本"为转型驱动力，围绕大文化消费服务，通过全品类经营、全客群服务、全渠道覆盖，深耕内容资源开发产品线，完善教育综合服务产业链，构筑大文化消费生态圈，打造中国最具创新成长性的出版传媒企业，成为具有国际影响力的综合性文化服务集团。
9	长江传媒	发展愿景：通过持续创新和高效运营，成为中国最具成长性与投资价值的优秀中文内容提供商、优质专业增值服务商、优异文教网络运营商和优绩文化战略投资商。 发展路径：夯实传统业务，坚持创新发展、谋求多元发展、平台化发展、国际化发展，力争在转型中实现跨越发展。 业务选择：做大做强做优出版、报刊、发行、印刷及物资贸易等传统业务；大力拓展数字化业务，拓展IP（知识产品）变现，延伸产业链，推动产业升级和转型；尝试进入影视、动漫、投资等高风险高回报的新业务领域。

续表

序号	公司名称	公司战略
10	中南传媒	以线上与线下结合、文化与金融结合为发展思路，把公司建设成为中国一流、世界知名的信息服务和传播解决方案提供商、华文全媒介内容运营商、重要的文化产业战略投资者。
11	中文传媒	公司将继续有效落实"规模速度型"向"质量效益型"转型的要求，以"防控风险、稳健发展"为主题，紧紧抓住"稳健、创新、融合、转型"关键词，以"互联网+"为路径，着力打造优强的"互联网+"现代出版传媒上市企业。
12	新华文轩	立足出版传媒业本质，把握国际文化产业发展趋势，以"互联网+资本"为转型驱动力，围绕大文化消费服务，通过全品类经营、全客群服务、全渠道覆盖，深耕内容资源开发产品线，完善教育综合服务产业链，构筑大文化消费生态圈，打造中国最具创新成长性的出版传媒企业，成为具有国际影响力的综合性文化服务集团。
13	读者传媒	始终坚持把社会效益放在首位、实现社会效益和经济效益相统一的原则，认真贯彻创新、协调、绿色、开放、共享的发展理念，坚持正确政治方向，坚持"二为"方向和"双百"方针，加快推动传统出版和新兴出版融合发展。紧盯内容质量，创作一流作品，拓展渠道平台，强化经营管理，提升出版主业的综合实力；积极探索媒体融合、开发文化创意产业，推动产业结构从传统业态向新兴业态转型，产品结构从规模数量向质量效益升级，全力拓展"互联网+"、"文化+"、"读者+"，培育新产业、构建新业态、走多业务、多元化融合发展之路，以开放的态度加强对外交流合作，打造"大读者"旗舰型出版传媒（文化）企业。
14	中文在线	公司实施"文化+"、"教育+"双翼飞翔发展战略，为推进公司"文化+"战略发展，公司调整组织结构，新设成立大众文娱事业群、公共文化事业群，以大众文娱和公共文化为业务引擎打造泛文化生态，以教育阅读和数字教材教辅为抓手构建在线教育生态，致力于打造世界级文化教育集团。

（资料来源：根据各上市公司年报整理）

　　从出版传媒上市公司的战略选择中我们可以看到，虽然每家公司预期的成长路径不同，但是夯实传统出版业务，坚持创新发展，推动传统出版传媒业与以互联网和移动互联网为代表的新技术的融合走向纵深，是上市出版传媒企业的共同选择。

2.4　出版传媒上市公司业务重心及拓展方向

　　内容和用户是产业发展的根本。传统出版企业的资源集中在两个层次：内容生产及渠道终端。出版传媒企业在颠覆性的变革面前对企业战略及未来发展路径做出了审慎选择，其一是基于企业的异质性资源，在内容生产及传播上深入挖掘，通过李嘉图租金的获取来保持自身竞争优势；其二是基于目前的资源，拓展新领域，不断为社会提供创新性服务，创造熊彼特租金，进而形成新的竞争优势。如时代出版的愿景是"建设现代化国际化创新型文化出版传媒企业"；中文传媒的发展战略强调以"创新驱动、融合发展"为主题，以"互联网+"为路径，着力打造优强的"互联网+"现代出版传媒上市企业；天舟文化公司则将从"专注于教育出版和移动互联网娱乐"向"聚焦教育、娱乐、文化三大板块打造国内一流的文化产业集团"方向努力。

表2-4　出版传媒上市公司营业收入构成对比表

序号	公司	出版业务	发行业务	报媒业务	印刷业务	物流及物流贸易	商品及物资销售	数字阅读及数字运营服务	新业态	其他	备注
1	大地传媒	17.81%	62.16%		3.38%		33.19%				其中抵消数占比约16.54%
2	中文传媒	17.03%	24.01%		4.12%	18.10%			32.82%	3.92%	
3	城市传媒	42.29%	84.17%			1.15%				1.61%	其中抵消数占比约29.22%
4	时代出版	24.00%			4.19%		68.81%	2.56%	0.44%		

续表

序号	公司	出版业务	发行业务	报媒业务	印刷业务	物流及物流贸易	商品及物资销售	数字阅读及数字运营服务	新业态	其他	备注
5	天舟文化	55.67%							44.33%		新业态：移动网络游戏
6	长江传媒	7.68%	12.99%		1.29%		78.03%				
7	中南传媒	25.41%	77.53%	4.87%	8.69%	8.35%		4.95%	2.62%		新业态：金融其中抵消数占比约32.42%
8	南方传媒	41.96%	46.83%	1.44%	4.72%		27.25%			0.33%	其中抵消数占比约22.54%
9	凤凰传媒	34.94%	71.65%		3.27			2.00%	4.42%	3.31%	新业态：影视、软件、游戏业务；其中抵消数占比约
10	出版传媒	30.07%	53.36%		12.32%		24.47%				其中抵消数占比约20.22%
11	读者传媒	92.94%					5.75%			2.07%	其中抵消数占比约0.76%
12	中文在线							100.00%			数字阅读及数字运营服务：数字阅读产品49.62%、数字出版运营服务12.39%、数字内容增值服务37.99%
13	新华文轩	27.95%	91.56%							1.59%	其中抵消数占比约21.10%
14	皖新传媒	56.24%				4.90%	27.38%		11.47%		新业态：广告、游戏、教育装备及多媒体业务

（数据来源：2016各上市出版传媒年报）

　　表2-4为A股上市的14家出版传媒公司2016年报中主营业务收入分行业、分产品的构成情况表。根据表2-4数据，作为内容提供商，出版发行业务仍在上市出版传媒企业的总收入中占有很高比例，为上市出版传媒企业的利润形成做出很大贡献，是传统出版传媒企业的支柱性业务。同时，出版传媒上市公司积极探索新业态，向新的领域延伸。

第3章 我国传统图书出版企业与新媒体融合发展的路径选择与具体表现

3.1 我国传统图书出版企业与新媒体融合发展的路径选择

3.1.1 企业成长路径

潘罗斯在《企业成长理论》一书中将企业成长作为分析的对象,探究了决定企业成长的因素和企业成长的机制,认为企业使用自己所拥有的生产资源所产生的服务是企业成长的原动力。而企业的成长路径,即企业成长方式、企业成长的动力因素以及这些因素是通过什么途径转变为成长结果的等问题一直是学者们的研究重点。研究表明,目前实践中主要存在着内部成长、市场化成长以及网络化成长三种基本路径,它们各自基于特定的时代特征而形成,分别对应着不同的战略思想。其中的内部化成长和并购成长是目前传统出版企业最为重要的两种战略选择。

内部化成长是指企业依赖于内部资源和能力积累,实现企业质的成长和量的扩张。其核心思想是,企业所拥有的资源是企业成长的基本条件,企业能力决定了企业成长的速度、方式和界限。市场化成长是指企业通过市场交易获取外部资源,将其纳入企业内部的运营过程,并进行战略、组织、业务、人员、文化等方面的整合,实现企业资源的协同效应,从而实现企业的成长。比较典型的市场化成长方式为并购。

作为市场经济环境下的一种企业行为,并购在中西方企业发展史上占据重要地位,在促进资源有效配置、提高企业的发展速度和发展水平方面做出了极为突出的贡献。诺贝尔经济学奖获得者乔治·斯蒂格勒对此有过精辟的描述："一个企业通过兼并其竞争对手的途径成为巨型企业是现代经济史上的一个突出现象"，"没有一个美国大公司不是通过某种程度、某种方式的兼并而成长起来，几乎没有一家大公司主要是靠内部扩张成长起来。"纵观时代华纳、迪士尼、贝塔斯曼等大型媒体集团的成长轨迹，可以清楚地发现其通过并购获取所需资源，整合产业链，提升竞争优势，从而不断调整企业边界至最优状态。并购也在为现阶段我国传统出版企业与数字新媒体的融合发展提供助力。

3.2　媒体融合背景下我国传统出版企业的并购式成长

随着新闻出版企业市场主体地位的逐步确立，特别是经过集团化改造、上市之后，新闻出版企业间的并购重组逐步活跃，并购重组逐渐成为我国新闻出版企业快速成长的捷径。作为一种重要的经济行为，并购在优化企业存量资产配置、提高资产使用效率、增强企业竞争实力等方面作用突出，从而成为助推企业成长的一种重要且普遍的方式。

基于我国新闻出版业资源配置的历史和现实，新闻出版业"十二五"时期发展规划中明确提出要进一步培育新闻出版骨干企业，鼓励有条件的新闻出版企业跨区域、跨行业、跨所有制经营和重组，推动新闻出版资源适度向优势企业集中。

并购已在我国加快发展文化产业，推动文化产业成为国民经济支柱性产业方面发挥愈加重要的作用。从新闻出版企业近年的并购表现来看，其并购活动与其发展战略密切配合，已逐步从横向并购重组向纵向并购以及混合并购发展，预计未来，战略性大型并购在新闻出版企业并购中的比例将逐渐上升。

国家新闻出版广电总局、中华人民共和国财政部联合发布的《关于推动传统出版和新兴出版融合发展的指导意见》中要求变革和融合传统出版和新兴出版生产经营模式,要发挥市场机制作用。探索以资本为纽带的出版融合发展之路,支持传统出版单位控股或参股互联网企业、科技企业,支持出版企业兼并重组。随着信息技术的快速发展,并购也已成为传统出版传媒与数字新媒体融合发展的重要推进力量,对于提高新闻出版业的资源配置效率,促进新闻出版业的健康发展发挥着越来越重要的作用。

从2011—2016年出版传媒上市公司并购成功并已完成的交易来看,中南传媒、博瑞传播、长江传媒、浙数文化、皖新传媒、中文在线、华媒控股等公司选择通过并购信息科技、网络技术公司获取融合发展中所需要的信息技术,为传统出版业务与数字新媒体的融合发展提供直接助力。博瑞传播、长江传媒、新华传媒、时代出版、华闻传媒、华媒控股等则通过并购,获取经营音乐娱乐产品、游戏产品、动漫产品的资源和渠道,为公司围绕IP资源进行全产业链开发,为公司快速介入泛娱乐业务打下基础。浙数文化、华闻传媒等公司则通过并购投资公司,并通过投资公司完成公司战略布局,从而实现与数字新媒体的融合发展目标。其并购标的及标的公司的主营业务情况具体见表3-1。

表3-1 2011—2016年新闻出版传媒上市公司部分并购交易情况

序号	股票名称	交易标的	主营业务
1	中南传媒	天闻数媒科技(北京)有限公司25%股权	数字出版及数字内容全屏服务的开发与运营
2	博瑞传播	北京漫游谷信息技术有限公司70%股权	互联网信息服务
3	博瑞传播	常州天堂网络科技有限公司56%股权	经营音乐娱乐产品,游戏产品,艺术品、演出剧(节)目、表演,动漫产
4	长江传媒	湖北长江盘古教育科技有限公司65%的股权	文化教育产品的研发、生产、销售
5	浙数文化	爱阅读(北京)科技有限公司70%股权	批发、零售图书、报纸、期刊、电子出版物;互联网信息服务

续表

序号	股票名称	交易标的	主营业务
6	浙数文化	淘宝天下传媒有限公司51%股权	互联网信息服务
7	浙数文化	增资后北京华奥星空科技发展有限公司49%股权	因特网信息服务业务
8	浙数文化	杭州边锋网络技术有限公司100%股权，上海浩方在线信息技术有限公司100%股权	互联网信息服务、技术开发
9	浙数文化	东方星空创业投资有限公司44%股权	文化产业投资，投资管理及投资咨询
10	皖新传媒	新华网股份有限公司94.12万股股份	互联网信息服务
11	新华传媒	上海炫动传播股份有限公司5.5%股权	动漫设计，知识产权代理
12	时代出版	安徽时代漫游文化传媒股份有限公司100万股股份	动漫设计
13	漳泽电力	北京万方数据股份有限公司33.5%股权	电子信息产品、数据库、计算机软硬件、通信设备、医疗器械的技术开发、技术服务、销售
14	中文传媒	北京智明星通科技有限公司100%股权	技术开发、技术转让、技术咨询、技术服务
15	华闻传媒	天津掌视亿通信息技术有限公司100%股权，上海精视文化传播有限公司60%股权，广州市邦富软件有限公司100%股权，广州漫友文化科技股份有限公司85.61%股权	技术服务；电视剧、专题、综艺、动画等节目制作、发行
16	华闻传媒	北京国广视讯新媒体科技有限公司100%股权	技术开发、技术转让、技术咨询、技术服务；版权代理服务；影视策划；图文设计、制作
17	华闻传媒	北京澄怀科技有限公司100%股权	技术推广服务；项目投资；投资咨询；经济贸易咨询
18	华闻传媒	北京华商盈通投资有限公司61.25%股权	项目投资；投资管理；投资咨询
19	中文在线	上海晨之科信息技术有限公司20%股权	从事信息技术、网络科技、软件科技领域内的技术开发、技术转让、技术咨询、技术服务，市场营销策划
20	中文在线	北京新浪阅读信息技术有限公司16.667%股权	技术开发、技术推广、技术服务；数据处理；基础软件服务；应用软件服务；软件开发；软件咨询

续表

序号	股票名称	交易标的	主营业务
21	华媒控股	中教未来国际教育科技(北京)有限公司60%股权	技术开发、技术转让、技术咨询、技术服务、技术培训
22	华媒控股	北京精典博维文化传媒有限公司35%股权	影视策划；文艺创作；图书、报纸、期刊、电子出版物批发、零售；设计、制作、代理、发布广告

3.3　我国传统图书出版企业与新媒体融合发展的具体举措与表现

2015年4月，国家新闻出版广电总局、财政部联合印发《关于推动传统出版和新兴出版融合发展的指导意见》。《意见》指出："按照积极推进、科学发展、规范管理、确保导向的要求，立足传统出版，发挥内容优势，运用先进技术，走向网络空间，切实推动传统出版和新兴出版在内容、渠道、平台、经营、管理等方面深度融合，实现出版内容、技术应用、平台终端、人才队伍的共享融通，形成一体化的组织结构、传播体系和管理机制。"上述精神为传统出版业指明了发展方向，推动传统出版行业积极布局，向互联网借力，与数字新媒体融合发展，为传统出版业插上腾飞的翅膀。

3.3.1　内容生产环节竞争优势的巩固与提升

内容永远是出版产业的立身之本，也是融合发展、推动整个产业提质增效的重要基础。在2015年3月31日国家新闻出版广电总局、中华人民共和国财政部联合发布的《关于推动传统出版和新兴出版融合发展的指导意见》中，明确提出坚持以先进技术为支撑、内容建设为根本，充分运用新技术，创新出版方式、提高出版效能，进一步掌握网络空间话语权，进一步提高出版业的影响力传播力和竞争实力，推动出版业更好更快发展。

在内容生产方面，我国传统出版企业极具优势。长期的积累使得传统出版传媒企业凭借庞大且专业的作者队伍、细致科学的分工、高效的管理流程，保证了内容产品的品质，树立了良好的品牌声誉。从近年出版传媒企业上市公司年报中可以看到，出版业务仍是各出版传媒上市公司收入及利润的一个稳定的、重要的来源，各公司2013—2016年的毛利率水平也无明显波动。特定的资源禀赋使得传统新闻企业得以获得李嘉图租金，在媒体融合带来的战略转型压力之下，为企业的战略选择提供了现实基础。

面对互联网及新媒体领域竞争者的挑战，我国传统出版传媒企业近年间基于多年积累形成的异质性资源，在继续持续不懈夯实内容资源基础，以优质的内容推进内涵式发展，把原创精品图书等主流产品做好，以良好的经济效益和经济效益回馈投资者、回馈社会的同时，借助新媒体技术，在内容生产方面进行了诸多探索和努力。

3.3.1.1　内容生产创新

对于优质内容资源的占有一直是各出版经营主体之间竞争的关键。为了应对原创渠道的平民化趋势，更大范围、更大可能接触潜在的优秀内容资源，传统出版传媒企业进行了各种尝试，如长江传媒旗下的数字出版公司围绕大众阅读开拓新业务，"长江中文网"加入全国网络文学重点园地工作联席会议，引入重点作家20多位，启动"草根作家培养划"，提升网络文学出版能力。另如学林出版社和知识产权出版社筹建的自出版平台，时代出版的"时光流影"项目等。通过自出版平台等的搭建，出版社扩大了选题的来源，为更多优秀选题的脱颖而出创造了条件。

（1）学林出版社自出版平台于2014年8月18日上线公测。自出版平台突破时间地域限制，将作者、编辑、图书集中于同一平台展示，为作者提供自主出书和众筹出书两种路径，帮助作者成就梦想，对于扩大出版社选题来源、提高出书质量具有积极的推动作用，给予潜在的优秀作品更多面世机会。

（2）知识产权出版社"来出书"图书自助出版平台（www.laichushu.com）是借助互联网思维及现代信息技术，运用平台化、社区化、O2O、众包等商业模式，打造的一个集聚庞大用户资源，实现图书投稿、编校、发布（含印刷）全流程自动化、数字化，多终端、多形式的产品发布，纸质图书、电子书同步出版的图书出版平台。已于 2014 年 3 月 1 日正式上线运行，是拥有完全自主知识产权的国内首家国家一级出版社打造的图书出版平台（周敏，王阳，2016）。

来出书网的业务主要定位于学术书籍，分"来出书""来买书""来社区""来印书"等板块，为广大作者提供出书和购书服务。在学术或专业出版领域，高端内容资源具有极高市场价值。谁占有了这类内容资源，谁就占领了学术或专业出版的制高点。一些顶级学术或专业出版商，如励德·艾斯维尔、斯普林格等，之所以能够实现从传统出版向数字出版的"华丽转身"，在数字技术条件下仍然能够获得丰厚的回报，主要归因于其对这类高端学术内容资源的大量占有（方卿，2011）。知识产权出版社的"来出书"自出版平台是移动互联时代获取学术出版领域高端内容资源的非常有价值的探索。

（3）时代出版打造的文化生活自出版社交平台项目"时光流影 TIME-FACE"平台旨在与期刊、图书、影视、印刷以及线下实体店进行互动融合，实现再出版，带动衍生产品的生产与销售，建设出版资源整合、创意产品延伸、信息服务推广的内容数据库，进而推动平台上原创图片和文字内容的版权交易、自媒体出版，最终实现建成基于自主版权的全天候海量图片和文化资源的交易平台、按需出版印刷中心、文化内容汇集的数据库的目标。2016 年，时光流影注册总用户达 600 多万，手机客户端总下载量达 460 万，手机客户端装机量 300 万，日均上传内容达 60G，累计进行线上活动推广活动近 400 个，线下活动包括深圳文博会、扬州书展等 60 多场，与全国100多个互联网平台进行了资源嫁接合作。

3.3.1.2 内容的深度处理及多种方式呈现

传统出版企业积极尝试通过技术与内容互为支撑、相互融合重塑媒体生产和服务方式，实现跨终端、跨平台的媒体融合。新媒体技术使得出版传媒企业能够顺应公众阅读习惯的改变，使优质内容以更贴合当前公众阅读习惯和阅读要求的方式以更立体、更丰富多彩的方式呈现，并因此创造更多需求，通过多样化的盈利模式获取收益。新媒体环境下创新性的盈利模式需要对于内容资源进行碎片化、个性化的深度处理以满足读者的阅读等需要。为此传统出版企业进行了各种尝试和努力。

（1）有声书开发。时代新媒体出版社充分挖掘内容资源的价值，采用"立体化的全媒体出版"思路进行推广。接入电信、联通、移动等平台后，出版社利用自身录制设备，将已录制视频内容的声音部分单独制作成音频文件，上传至有声阅读平台发布。另外，出版社还将内容资源细化，按小类拆分成时长在10分钟以内的微视频，方便手机用户点播。（潘文年，何培瑶，2015）

城市传媒也积极布局拓展有声图书市场。公司与喜马拉雅FM签订战略合作协议，并投资设立了青岛匠声网络科技有限公司，依托公司优质的美食、健康、少儿、人文等内容资源，深度开发有声图书市场。2016年匠声公司分别与喜马拉雅、太阳花自媒体等众多领域内重点运营商达成合作，其中与喜马拉雅联合开发的音频知识付费栏目"易说语商"单日销量突破2万；"少年交际与口才"月点击量超过3万次；《葛剑雄说历代疆域》等节目开播，同名图书也将跟进出版。

（2）布局虚拟现实领域。根据Talking Date数据显示，全球VR/AR产业正处于缓慢增长的阶段。以交叉学科为代表的虚拟现实技术仍需静待新兴技术的成长与突破，只有在突破瓶颈之后，消费级产品才能真正普及到家庭与生活之中。当前虚拟现实有三种呈现方式，即VR、AR与MR，三种呈现方式有不一样的核心技术及不同的应用场景。从2016年我国相关领域资本动态来看，VR显然更受资本方青睐，相关的内容产业也更为丰富，囊括了游戏、影音、教育、直播以及线下体验店，而AR与MR的内容产业则相对单一，资本推动力相对缓滞。

城市传媒公司VR内容产品开发进展顺利，其中以VR海洋教育作为首批特色课程的VR教育系列重点项目正在持续开发；"VR多媒体互动一体机"以及VR地铁展示等项目相继完成；与航运部门跨界合作的VR互动展示案例已落地运行，并参加行业国际性展览；申报的"青版VR教育云平台"、"VR/AR富媒体融合出版平台"等新媒体项目，成功入选2016年度山东省新闻出版改革发展重点项目库；与云冈石窟达成数据应用战略合作意向，成功将其VR数字、佛造像3D打印引入青岛。

皖新传媒也利用VR技术努力开发国际一流水准数字教科书。公司积极开展VR/AR交互出版物的研发，并面向国际打造beauty of science.com原创作品网站。其首发产品仟问化学系列《美丽化学·高中化学核心概念》课程已于2016年4月在沪江网上线；其作品美丽科学《前程VR》已被三星Milk VR收录上线，并授权Jaunt VR，The VR Cinema，FIVARS（国际虚拟及增强现实故事电影节）等知名国际机构收录发布。

（3）全媒体覆盖，全版权运营探索新媒体技术使出版传媒内容生产方式的一些变革成为可能，互联网企业、技术平台企业得以直接接触内容原创者，凭借资本、制度、技术等优势在优秀内容资源的争夺上对传统出版传媒企业形成挤压。以BAT三巨头在网络文学的行动为例。腾讯背后的阅文集团、百度旗下的百度文学、阿里麾下的阿里文学，互联网正在重估一切内容价值。网络文学由于其喜闻乐见的形式和内容更容易成为移动娱乐产品的源头。文创产业巨大的延展性，给了网剧、自制剧、影视IP改编、游戏等一个发展的超级平台。

中文传媒旗下出版社大力强化"Super IP"思维，围绕"大中华寻宝记""不一样的卡梅拉""海昏侯""超级英雄的秘密"等IP资源，积极尝试开展不同形式的商业运作，着力将影视、动漫、娱乐、微电影、网络游戏等不同的经营业态打通，延伸作品价值链以实现全媒体覆盖，最大限度提高优质内容资源的转化加工值。智明星通"脑洞"二次元原创绘本《山海奇谈》同时以中、英、俄、日、泰、越等多语言在全球30多个动漫论坛同步连载，总阅读量超过1.8亿人次。

中南传媒全面开展优质IP项目储备工作，2016已进入剧本创作的作品有《清道夫》（法医秦明第二季）、《金牌投资人》《乖，摸摸头》《采珠勿惊龙》《不存在的恋人》《最初的相遇，最后的别离》《梦想号》《枪与花》《单身久了就会变成狗》等。

（4）增值服务。传统出版企业优质的内容信息资源赋予其增值开发的独特优势。认可商业之美，并努力在社会效益的基础上，创造更多的经济价值，也应该是未来传统出版转型的基本共识。

在与新媒体的融合过程中，出版传媒企业愈加重视用户需求，不断探索如何基于现有资源更好地服务于用户，并在拓展增值服务，通过增值服务提高顾客的忠诚度、满意度，从而拉升销售方面取得了很多有益经验。如大象出版社的教育在线平台着重建立两个资源库——题库、教师资源库。两个资源库的建设也有力地促进了大象出版社的纸质教辅、纸质教材销售水平的提升（陈香，2016）。商务印书馆的"辞书语料库"和中国大百科全书出版社的"百科术语库"则通过先进的自动化技术对数据库资源进行整理和标注。安徽教育出版社开发的客户端——"e起扫"，将纸质教辅和时代教育在线平台的数字资源关联起来，通过线上增值服务，带动线下图书销售。下一步，该社拟通过二维码教辅项目将时代出版传媒股份有限公司的教辅资源实现统一的线上运营，尽快形成具有规模用户的"互联网+教育出版"代表产品。

3.3.1.3 基于大数据的内容定制

大数据分析（Big Data Analytics，简称BDA）包括对大数据的采集、恢复、存储、管理和挖掘，它通过分发、知识共享等手段最终实现对决策的支持，其实大数据分析就是通过定量分析等方法从海量数据中提取出价值，来揭示一种规律或趋势。大数据具有海量、多样和复杂的特性，要从其中获取所需的有用信息，就必须通过先进的技术手段对其进行整理、归纳、分析和整合，实现数据的互联互通，进而发现海量数据之下隐藏的规律和价值，顺利"打捞"数据为我所用（王丹，林放，2015）。京东版图书的推出可以视为基于大数据的内容定制图书生产方式开启的一个标志性事件。

2014年，京东集团与新世界出版社合作推出贝克汉姆自传《大卫·贝克汉姆》，这是出版社与电商的一次创新性合作。其后京东又与其他出版社合作推出《瓜迪奥拉：胜利的另一种道路》、《不赦》、《麦迪在路上》等几十部图书。互联网上大量用户行为留下的痕迹，形成了用户行为数据库。通过分析用户行为数据库，可以找到用户共同的群体特征，预测他们的需求点和兴趣点，可以为出版内容的题材和选题提供决策依据，并保证题材和选题的精确化、定制化和个性化，满足用户的个性化需求。京东版图书的生产模式颠覆了传统图书生产流程（段淳林，2016）。

京东基于大数据的内容定制模式的成功凸显了大数据技术的优越性。数据驱动决策是未来图书出版的发展趋势。传统出版机构目前已普遍利用社交网络提升出版图书营销效率与数量，与此同时也获取了有关用户或读者阅读与购买行为的数据。探究读者在社交网络发表图书评论与其他读者购书、读书的行为之间的关系，借助图书购买行为大数据分析优化图书生产流程，是数字技术日新月异，跨界融合日益普遍，市场竞争渐趋激烈形势下，传统出版企业需认真对待的一个改革优化方向，应当给予应有的关注。

国内外出版商在图书数据驱动生产模式方面进行了诸多探索。亚马逊开发了KENPC软件，准确追踪读者的阅读数据。借助大数据追踪技术，可以构建起包含读者阅读内容与阅读习惯的 "读者图谱"。通过 "读者图谱"，读者的购书、读书习惯等行为都可以被收集、分析，并为自出版平台商提供内容、选题以及营销决策依据。Kindle、Nook、Kobo等电子阅读器也已尝试记录读者的阅读行为。2015年，Kobo推出一项电子书数据服务，借此出版商可以监控其图书通过Kobo的售出数量以及读者对这些书的阅读情况，包括读者阅读用时间、 放弃阅读节点及读者喜欢阅读的部分（李欣人，2016）。

3.3.2　数字技术在传统出版企业营销平台及渠道建设中的应用探索

为落实《国务院关于积极推进"互联网+"行动的指导意见》的文件精神，需要传统出版传媒企业不断探索，逐步将互联网的创新成果与出版各环节、各领域深度融合，尤其在互联网、移动互联网营销渠道的搭建与使用方面不断创新，使自己的渠道、终端不断拓展，更好地服务社会，创造经济与社会效益。传统出版传媒企业的图书产品目前面向两个市场：纸介质图书市场和数字阅读市场。从各国际传媒集团的运营表现来看，在媒体融合的大潮中，各国际传媒集团在都在积极拓展新媒体渠道和终端，以实现媒体渠道和终端的全面覆盖。国内出版传媒企业通过长期的培育与建设而形成的卓有成效的渠道与终端体系是其竞争优势能够得以延续的另一独特资源。但在新媒体时代，内容产品的多渠道、多终端、多重次数的分发在技术上的障碍已经消除，为继续保有市场资源方面的优势，创新必不可少，传统出版传媒向新媒体平台、渠道、终端的拓展已渐成趋势。

3.3.2.1　营销平台建设与运营

在互联网发展早期阶段，人们往往通过访问某企业的网站来获取想要了解的信息。国内大多数出版企业都开设了自己的网站，用来宣传品牌、展示产品和发布信息，进而树立企业形象，拉近与客户的距离，同时降低了企业在宣传和服务方面的成本。例如，青岛出版集团的官方网站（网址为 www.qdpub.com）在 2010 年 12 月设立，开办了"集团咨询""图书商城""作者服务""资料下载"等栏目，由专人负责定期更新。自设立以来，该网站已发布青岛出版集团的重大活动信息累计 5000 多条，成为读者了解该企业信息的重要窗口（王梅佳，2016）。

随着数字技术的发展，目前已有众多机构通过互联网平台提供数字产品与服务，如技术提供商、渠道运营商、内容供应商、终端制造商等，其中比较有代表性的如亚马逊书店、苹果 App Store、汉王书城、盛大文学云中书城、方正阿帕比—云出版服务平台、中国移动、中国联通和中国电信三大运营商推出的"和阅读""沃阅读"和"天翼阅读等。其中技术提供商、渠道运营商和终端制造商在这项业务的成长期即开始介入，伴随着互联网及移动互联网技术的快速发展、社会公众消费习惯、阅读习惯变迁，在数字出版市场蓬勃发展，传统出版传媒企业积极进取，努力开拓时，他们所建立的平台已经占有较为优越的市场地位，形成自己的顾客群和经营特色，在市场竞争中具有一定优势，对传统出版传媒企业的市场拓展形成挤压。

以亚马逊为例。亚马逊一直坚持以用户为中心，通过读者与作者的互动，不断提升自己的服务。销量排行榜、广告、编辑推荐等形式，都是为了让读者能发现更好的作品。通过站内书评区让读者与读者之间、作者与读者之间共同分享自己的新发现和新思想，同时了解读者的需求，不断优化提升电子书阅读器，使得读者的忠诚度大大提高（王潇玶，2016）。

相对于这些企业，传统出版企业拥有丰富的内容资源，但这些机构在吸引读者及保持读者黏性，进而实现用户创造内容、分享内容，实现出版资源的有效配置方面极富经验，值得学习和借鉴。为提高供给的质量和效率，出版传媒企业进行供给侧改革的核心就是解决读者需求与出版商生产的匹配问题。理想的数字出版平台应是一个集内容生产、阅读、社交等功能为一体的，将作者、出版社、技术提供商、渠道运营商、读者有机结合在一起的富有生机的数字出版生态系统。系统中读者的集聚首先能够降低出版传媒企业的搜寻成本，满足其营销推广需求，提高运营效率。另外对于读者的阅读行为及社交网络的相关数据的跟踪和分析也有助于实现有效的内容生产。大佳网作为集团数字化内容的投送和运营平台，是中国出版集团数字化转型的重要组成部分。大佳网定位于"精品阅读平台"，希望读者在这里阅读、交友、分享，并创建读者自己的"书客"圈子（王丹，2015）。

3.3.2.2　APP

在移动阅读产业及庞大用户群体快速增长的驱动下，更多市场主体纷纷参与其中，市场竞争剧烈。App在出版领域的运用表现为以下两种方式。其一，传统出版企业依托优势资源，向数字化出版转型。经过一段时间的探索，传统出版企业在整合各自内容资源基础上，推出了各具特色的App图书。其二，京东、当当、亚马逊等电商平台，盛大文学、多看阅读等专业公司，依托自身技术优势，凭借强大的整合资源能力，加大了App图书的开发力度，给传统出版单位带来不小压力（张波，2014）。

近几年，传统出版企业不断转型升级，陆续推出了与新媒体业态融合的APP。例如，"人文中国" APP就是以青岛出版集团拥有的《三江源》《云冈石窟全集》《中国木版年画代表作》《中国唐卡文化档案》等中国人文艺术优质版权资源为基础，通过整合国际化数字阅读平台、海外社交媒体平台等拥有海量用户的渠道，发挥自有国际化APP移动阅读平台特色功能，致力于推进中国故事、中国文化的数字化海外传播。该平台上线几个月就吸引了来自12个国家和地区的用户（王梅佳，2016）。

3.3.2.3 微信

从最新统计数据来看，网民用户通过微信来获取资讯的用户人数已超过使用新闻网站和电视媒体用户的总和。数据显示截至2016年2月，微信月活跃用户近7亿；微信支付累积绑卡用户数超2亿；汇聚公众账号超1000万；公众号日提交超70万群发信息；企业账号已达65万。

微信已渗透了包括社交通讯、内容分享、生活服务等在内的众多领域，获得用户及第三方服务商的广泛认可。这意味着，微信已经不仅仅是一个即时通讯聊天工具，它已经成功升级为多用途高用户黏度的超级APP。

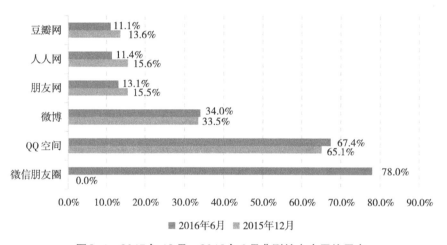

图3-1　2015年12月—2016年6月典型社交应用使用率

根据图3-1数据，典型社交媒体应用排名分别为微信、腾讯QQ、微博、朋友网、人人网和豆瓣网。其中，微信朋友圈的比例高达78.7%；腾讯紧随其后比例为67.4%；微博使用率占比为34.0%，是朋友网、人人网、豆瓣网的总和。

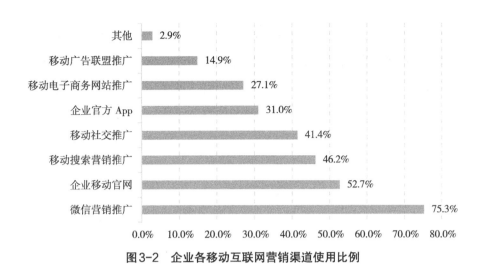

图3-2　企业各移动互联网营销渠道使用比例

根据3-2的CNNIC数据，在企业各种移动营销推广方式中，微信营销推广应用最为广泛，使用率达75.3%。目前，微信营销推广主要有三种方式：微信朋友圈广告、微信公众账号推广与微店运营。

图书品种多且内容各不相同，尤其适合运用微信公众平台进行文字、图片、语音等全方位的展示与推荐。微信公众平台还有精确的数据统计功能，可以对用户进行分类管理，达到信息的精准推送，所以它还是一个很好的客户关系管理工具。它的营销优势在图书营销中可以得到充分体现，例如成本低、速度快、目标准、传播广（尚春光，2015）。微信公众号是目前出版机构应用较为广泛的社会化媒体工具。《出版人》杂志与学术中国（出版排行榜）达成独家合作，定期在"出版排行榜"这一微信公众号发布"出版业新媒体影响力排行榜"。

借助微信平台中微信公众号的服务手段与模式，出版社不仅可以实现信息内容的发布与收集，同时也能够更好地建立作者与读者、编辑与读者之间的沟通互动。由于在微信平台上建立相关的出版活动主体不可避免地要依靠微信所固有的沟通模式与社会关系网络，这就使得出版活动的相关资讯只能在微信已有的受众范围内实现快速传播。然而，微信受众广泛，不管是通过微信公众号还是通过微信好友之间的分享互动，都可以在短时间内引爆具有热点话题的出版活动内容产品，这种建立在已有聚合关系之上的出版活动相比APP来说具有更快的信息传播速度和信息感知程度（李又安，2017）。

随着微信公众平台推广自身品牌、增强用户黏性的功能日益凸显，出版社和图书公司将微信公号视为品牌营销、互动和产品推广的重地。在传统图书的营销中，以微信为代表的新媒体，还通过O2O、微商城、隐营销等充分发挥其传播速度快、覆盖面广、成本低、目标精准的优势。

（1）O2O。Online to Offline指将线下的商务机会与互联网结合起来，它不仅包括线上线下隐营销活动，也代指一切由微信公众平台线上（Online）到微信公众平台线下（Offline）的活动。出版类微信公众平台利用此模式，开展了诸如读书交流会、书摘讲座、书评交流等活动。在推送文章的同时，会链接自己的官方微博和豆瓣小站，方便用户进行线上线下互动。微博的互动富有公开性，会满足用户的全方面体验。微信公众平台和官方微博、豆瓣小站的互动活动，增加了用户对其的参与度和忠诚度，也加大线下读者与作者互动活动宣传和开展（马小琪，2017）。

（2）微商城。2014年，青岛出版集团以旗下新华书店资源为基础，在微信平台上推出全国首家微信书城——"青岛微书城"，开启了传统出版企业新媒体平台运营的探索。"青岛微书城"线上平台在图书阅读服务和推广方面不断创新，陆续推出"名家签售""私人订制""晒书社区""教辅专线"等服务。通过探索和实践，企业不断对线上平台进行升级，除大大提升移动购书的交互体验外，还推出热点图书预售订制、重点图书资讯推荐等服务，进一步增强了读者与书店、读者与图书的联系，不但方便读者在线上获取精准信息和高效服务，而且可以将线上读者有效地吸引到线下。经过两年多的运营，青岛出版集团新媒体用户规模实现了新突破，公司官微、"青岛微书城"等平台粉丝用户总数累计超过50万人（王梅佳，2016）。

（3）隐营销。出版类微信公众平台一直存在"隐营销"形式，在进行"新书推荐""专题报道""精彩试读"等的同时，会在"阅读全文"处链接到诸如当当网、亚马逊、淘宝等购书页面进行支付，并提供比价功能，让用户自主选择是否购买以及什么渠道购买。一些出版类公众平台还通过微信的传播平台赚足名气后，再做纪念版或者完整版的纸质书和光盘等产品进行线下营销（王梅佳，2016）。

3.3.2.4　微博

微博传播的交互性、及时性、传播范围广、传播成本低等特质使其极具商业价值。微博主要是基于社交关系来进行信息传播的公开平台，用户使用目的主要是了解新闻资讯和热点、兴趣信息，关注的内容相对公开化，社交关系上更侧重于陌生人社交。微博给出版社的营销活动提供了新的渠道和平台，借助此平台，出版社的相关信息可以在最短时间内进入消费者视野。目前，90%以上的出版社都开通了官方微博，不少出版社还开设有各部门或下属子品牌的分类微博，甚至是单本重点新书、重点书作者都开通了微博（申玲玲，2015）。

虽然微博传播信息量有限，且各出版社在微博营销方面的投入及表现不同，也有更新不及时、形同虚设等不尽如人意之处，但以译林出版官方微博122万粉丝数量（截止到2016年1月下旬）这一数字来看，其在出版传媒企业品牌影响力提升、内容产品推介等方面的作用不容忽视。

在实践中，传统出版传媒企业综合运用微博、微信及APP进行创新性服务，如凤凰传媒公司拓展内容发布渠道，通过官方微博、微信、APP客户端的信息推送，形成核心读者的生态圈，把营销活动前置，提升运营能力。并以合资公司为主体，打造专业的网络出版机构，开发优质的手机阅读产品。中文传媒积极开辟社群营销新模式。公司旗下各出版社积极适应电商销售新形势，大力发展网络大V店，打造了多套畅销爆品。二十一世纪出版社集团2016全年社群电商销售码洋即突破7，000余万元。

3.3.2.5 与电商及其他平台的合作

各传统出版企业的图书销售除传统销售模式外，还积极与电商合作，拓展线上销售业务。从现有数据来看，凤凰传媒、中南传媒、城市传媒、时代传媒等公司与当当、亚马逊、京东等电商合作良好，还通过在淘宝、天猫平台上开设的旗舰店开拓了图书发行的新渠道。新华文轩则通过辐射全国的物流配送网络构建了一个现代图书电商服务体系，使其电商业务步入发展快车道。中文传媒等公司积极推动与中国移动阅读基地的合作，抢占数字出版市场份额。

（1）凤凰传媒积极进行线上线下融合，加快电商发展。2016年发行集团总部电商销售1.12亿元，同比翻番。中南传媒2016年通过当当、亚马逊、京东等品牌电商实现销售收入38，522.58万元，占一般图书销售收入的21.41%；通过在淘宝、天猫等开设旗舰店，实现销售收入1，193.09万元，占一般图书销售收入0.66%。2016年城市传媒公司图书线上销售态势良好，同比增长80%以上，实现年度销售实洋7000余万元，青版图书线上销售形成"集中集聚集群"效应，线上市场占有大幅度提升；在与天猫、当当等网络渠道保持良好合作的前提下，进一步拓展与"蜜芽"等母婴渠道、"十点图书"等自媒体渠道的合作，形成营销和销售融为一体的态势。时代出版公司在2015年4月优化了公司天猫专营店，并在天猫申请了多家旗舰店，多次占据天猫平台日销售排行榜前五名，为图书发行开拓了新渠道。中文传媒公司在稳步拓展实体销售的同时，大力实施"全网全屏"战略，积极尝试网络新营销。其电商标配工程稳步推进，2016年全年，各全资图书出版社电商销售码洋突破5亿元，同比增长超50%。二十一世纪出版社集团被评为第四批江西省电子商务示范企业，其自营的天猫旗舰店连续四年在全国出版社旗舰店中排名第一，成为京东商城"读者最喜爱的十大出版单位之一"。

（2）新华文轩的电商业务步入发展快车道，打造最具专业实力电商品牌。

2016年，公司在扎实做好实体书店经营的同时，推动渠道业务的数字化升级，加快电子商务的发展，着力培育商品组织、销售供应、物流配送、信息支持四大配套能力建设，以自有互联网销售平台文轩网及在"天猫""京东"等平台开设多家直营连锁网店、70万种商品供应规模、辐射全国的物流配送网络构建了一个现代图书电商服务体系，为读者带来更加方便快捷的电商购物体验。2016年，集团的互联网业务与供应链建设协调发展，在互联网销售方面继续实现销售新突破，2016年"双11"单日销售突破1.5亿码洋，影响力继续得到大幅提升，连续六年蝉联全国电商平台图书销售冠军。公司全年实现销售收入10.76亿元，同比增长24.25%。九月网与全国320多家出版机构达成合作协议，储备电子图书20万种。

3.3.3　管理创新

国家新闻出版广电总局、中华人民共和国财政部联合发布的《关于推动传统出版和新兴出版融合发展的指导意见》（以下简称意见）中，明确要完善经营管理机制。《意见》要求传统出版企业积极适应出版融合发展要求，主动探索出版单位内部组织结构的重构再造，逐步建立顺畅高效、适应市场竞争和一体化发展的内部运行机制。《意见》提出在网络出版以及对外专项出版领域，探索实行管理股试点。《意见》要求增强传统出版单位的市场竞争意识和能力，健全技术创新激励机制和容错、纠错机制，探索建立股权激励机制。在融合发展实践中，传统出版传媒企业围绕上述核心问题进行了开拓性的探索和实践。

3.3.3.1　体制机制创新

为迎接媒体融合浪潮来袭，传统出版传媒企业以《关于深化国有企业改革的指导意见》、《关于国有控股混合所有制企业开展员工持股试点的意见》、《关于深化国有文化企业分类改革的意见》以及《关于推动传统出版和新兴出版融合发展的指导意见》等文件精神为准绳,开拓进取,不断进行体制机制创新。

中共中央、国务院《关于深化国有企业改革的指导意见》中提出要发展混合所有制经济,探索实行混合所有制企业员工持股。"坚持试点先行,在取得经验基础上稳妥有序推进,通过实行员工持股建立激励约束长效机制。优先支持人才资本和技术要素贡献占比较高的转制科研院所、高新技术企业、科技服务型企业开展员工持股试点,支持对企业经营业绩和持续发展有直接或较大影响的科研人员、经营管理人员和业务骨干等持股。"

国资委《关于国有控股混合所有制企业开展员工持股试点的意见》中,关于试点原则指出"要坚持增量引入,利益绑定。主要采取增资扩股、出资新设方式开展员工持股,并保证国有资本处于控股地位。建立健全激励约束长效机制,符合条件的员工自愿入股,入股员工与企业共享改革发展成果,共担市场竞争风险。坚持以岗定股,动态调整。员工持股要体现爱岗敬业的导向,与岗位和业绩紧密挂钩,支持关键技术岗位、管理岗位和业务岗位人员持股。建立健全股权内部流转和退出机制,避免持股固化僵化。"

在《关于国有控股混合所有制企业开展员工持股试点的意见》下发仅一个月之后,中共中央宣传部、中央网络安全和信息化领导小组办公室、财政部、文化部、国家新闻出版广电总局联合研究出台了《关于深化国有文化企业分类改革的意见》(中宣发201622号)。《意见》中依据企业战略定位、功能作用、改革发展现状及其主营业务和核心业务范围,将国有文化企业分为新闻信息服务、内容创作生产、传播渠道、投资运营和综合经营5种类型,区别对待、分类改革,确保资产保值增值,增强核心竞争力。

对竞争性市场中的出版传媒上市公司而言，当前面临的主要挑战，是面对民营新媒体的竞争。股权激励、员工持股如果能像一般国企一样试点落地，有助于竞争性传媒出版传媒企业在市场竞争中赢得主动。

城市传媒、中南传媒、长江传媒、凤凰传媒等传统出版传媒企业已在上述政策指引下，在混合所有制企业和新创企业中积极进行骨干员工持股和股权激励试点。

（1）2016年，长江传媒所属"爱立方"幼教产业孵化平台进行体制机制创新，启动股份制改造，引进战略投资者及核心员工入股，努力打造我国第一幼教全程服务商。2016年4月27日"爱立方"在全国中小企业股份转让系统（即新三板）成功挂牌，成为全国国有文化企业第一家幼教类"新三板"公司。

（2）凤凰传媒所属凤凰游侠游戏公司已完成对核心团队的股权激励工作，凤凰慕和的对赌索赔工作正在有序推进。

（3）城市传媒新媒体业务方面，进一步鼓励创新创业，突破现行机制体制，实现了新媒体团队和新媒体项目独立运营。公司结合自身发展，对内部孵化出的优秀新媒体项目进行投资并以创新机制进行运作，在子公司、三级公司层面实现员工持股，并引入合格的民营资本，组建混合所有制新媒体公司进行运营，在混合所有制改革方面开始破题。

3.3.3.2　人才队伍建设

刘奇葆在《加快推动传统媒体和新兴媒体融合发展》中指出，在融合发展过程中，要转变用人机制，建立统一的人才管理体系，加大新兴媒体内容生产、技术研发、资本运作和经营管理人才的培养引进力度，优化人才结构、统一调配使用。要完善绩效考核机制，探索媒体融合发展条件下吸引人才、留住人才、用好人才的有效办法，形成干事创业的良好环境。

（1）推行职业经理人制度

中共中央、国务院发布的《关于深化国有企业改革的指导意见》把推行职业经理人制度作为新时期深化国有企业改革的重大政策措施，指出："推行职业经理人制度，实行内部培养和外部引进相结合，畅通现有经营管理者与职业经理人身份转换通道，董事会按市场化方式选聘和管理职业经理人，合理增加市场化选聘比例，加快建立退出机制"。职业经理人任期制下，契约化和任期制紧密结合，使职业经理人明确责任、目标、权利、义务，能够使职业经理人稳定任职预期，企业领导人员更替法制化和规范化（周景勤，2016）。作为传统传媒企业代表之一的城市传媒公司越来越重视人才培育，在保障、激励制度方面不断创新，团队凝聚力不断增强，保持了旺盛活力。2016年公司加快人才引进，实施职业经理人制度，在传统出版主业、新媒体运营、VR开发、影视剧投资制作、文化综合体运营、投融资等领域，形成区域性的人才高地，助推公司转型升级发展。长江传媒也计划完善职业经理人的市场化选聘办法，对股份公司需要的稀缺高端人才，优先考虑市场化选聘，鼓励体制内人员转为职业经理人。

（2）建立更富弹性的薪酬体系和选聘机制

传统出版传媒企业坚持创新人才培养机制、人才引进机制，拟订"双效"业绩考核及薪酬管理办法，创新人才激励机制，使人才的整体素质得到提高。

中文传媒公司遵循以岗定薪、按劳分配、业绩优先的原则制定薪酬政策。通过绩效与激励相结合的分配方针，以薪酬分配差异体现管理层次，体现责任、风险和业绩；通过合理的薪酬结构和薪酬水平，使员工与企业利益共享，提高用人的市场化竞争水平，有利于吸引人才、留住人才、激励人才。

3.3.3.3 组织再造

信息技术的发展颠覆了传统的人与人、人与组织、组织与组织之间的关系。互联网、移动互联时代的开启要求企业进行一场组织变革，用互联网思维重新建构企业的运行模式，进而打造智慧型组织，在不断变化的环境中求得生存和发展。在这场无可回避的变革面前，传统出版传媒企业秉承开放、平等、协作、共享的互联网精神，打破时空约束，拓展资源范围、实现自我激励、实现开放经营，以期实现企业运营的高效率、企业规模的高增长、企业资产的高收益。以皖新传媒为例。皖新传媒充分利用信息技术手段和现代管理理念，不断优化内部供应链，建立符合互联网时代要求的组织模式，通过组织再造提升综合能力。

（1）构建创新性业务组织。公司顺应"互联网+"时代"大众创业、万众创新"的新趋势，打造小微组织创新体系，提高企业决策效率，提升组织的灵活性和对市场需求的响应速度，为加快推进公司改革创新发展提供新动能。

（2）优化运营管理模式。持续优化完善ERP，实现企业资金流、物流、信息流一体化管理；完成OA系统全覆盖，实现智能办公基础上的经营管理信息快速传播和共享；充分利用移动互联的信息、工具，实现资源与能力共享，信息与价值互通，企业管理更加趋于扁平化。

3.3.4　技术、产品、运营模式创新

数字技术已深刻地改变了现实世界，颠覆了社会运作的方式。人们的思维逻辑、行为模式也随之变化，置身其中的传统出版企业努力适应这一技术变革，探索将数字技术与新闻出版产业结合，与市场结合，明确市场定位和未来方向。

国家新闻出版广电总局、财政部在《关于推动传统出版和新兴出版融合发展的指导意见》中指出要积极拓展新技术新业态，即：运用大数据、云计算、移动互联网、物联网等技术，加强出版内容、产品、用户数据库建设，提高数据采集、存储、管理、分析和运用能力；积极通过多种方式吸收借鉴、善加利用先进的传播技术和渠道，借力推动出版融合发展；充分利用新一代网络的技术优势，加快发展移动阅读、在线教育、知识服

务、按需印刷、电子商务等新业态；加强出版大数据分析、结构化加工制作、资源知识化管理、数字版权保护、数字印刷、发布服务以及产品优化工具、跨终端呈现工具等关键性技术的研发和应用实践，着力解决出版融合发展面临的技术短板；建立和完善用户需求、生产需求、技术需求有机衔接的生产技术体系，不断以新技术引领出版融合发展，驱动转型升级；有计划地组织相关标准的制修订工作，完善标准化成果推广机制，加快国际标准关联标识符（ISLI）、中国出版物在线信息交换（CNONIX）等标准的推广和应用。

在近年的融合发展实践中，出版传媒企业积极开展以数字技术为基础、以智能化为特点、以网络化为载体的数字化建设，在上述指导意见所涉及的各个领域、各个层面都进行了不同程度的探索。2016年4月，国家新闻出版广电总局办公厅下发了《关于申报出版融合发展重点实验室有关工作的通知》，2016年底最终确定20家出版融合发展重点实验室。这批实验室的主要任务就是紧盯新技术前沿和发展趋势，积极借鉴、善加利用先进技术和渠道，大力实施新闻出版业转型升级重大项目，围绕出版融合发展的重大课题、重大项目和重大发展方向开展集智攻关。出版企业及国家新闻出版广电总局出版融合发展重点实验室在总署所提出的创新理念观念、管理体制、经营机制和生产方式，创新技术、产品和业态等方面开拓创新，形成了一批可复制、可推广的新技术、新成果，可以为传统出版和新兴出版融合发展提供智力支撑、技术保障和示范经验，从而使传统出版业逐渐步入转型升级之路，拓展和占领网上网下两个阵地，提高新闻出版业的影响力、传播力和竞争力（陈敏，谢峰，2017）。

3.3.4.1 数字教育技术及平台的开发与建设

数字教育是融合发展的一个主要方向，新闻出版企业、高校、科研院所、融合发展实验室等机构围绕教育出版领域的行业共性技术问题和关键技术问题开展研究，以期通过"教育出版+互联网"的新模式，推动传统教育出版在内容、渠道、平台、经营、管理以及体制机制等方面与新兴教育出版的深度融合。

目前在教育领域的数字技术和平台发展方面，融合发展成绩十分突出，时代出版的时代e博·智慧校园，人教社的人教智慧平台，外研社的双语阅读教学在线服务平台，华东师大社的数字媒体工具、教育出版大数据、教育出版云平台，大地传媒的大地教育云平台，凤凰出版传媒研发基于PC和移动端的数字教材体系及相关数据收集与分析等系统开发和建设等较具代表性。

（1）时代出版旗下时代新媒体出版社的"时代e博智慧校园"系列产品，安徽教育出版社的新型交互教辅运营服务平台—"e起扫"APP客户端，安徽少年儿童出版社打造的"优乐互动"系列品牌语音图书，安徽时代漫游公司的"豚宝宝"互动教学软件是该公司在融合发展中非常成功的创新性产品及平台。时代出版在出版融合发展中的成果还包括教育云平台、教学应用系统、时代资源库、家校互通、走班排课、智慧课堂、智慧测评以及人民教育出版社的人教数字教材、人教数字校园、人教PAD等最新的数字教育产品。其中，"时代e博·智慧校园"系列产品以时代教育在线平台为依托，以优质资源为基础，以教学应用为核心，以高效服务为支撑，目前已经为全省16个市、295个试点学校师生提供持续的优质服务，获得了各级教育主管领导及广大用户的深度认可。

（2）人教社媒体融合重点实验室通过近4个月的开发测试，完成了人教智慧平台1.0版本的发布，加工制作人教版数字教材42册，今年10月起在天津、上海、广东、广西等地开展应用实验与研究工作。

（3）外研社重点实验室借助精品阅读内容和数据分析建模，为各级院校打造了双语阅读教学在线服务平台——爱洋葱双语阅读教学服务平台。平台定位为"通识阅读+双语阅读""经典+精品"，已向北京十一学校龙樾实验中学、浙江大学、北京城市学院等提供有偿的阅读教学服务，解决了学校阅读教学开展和质量评估难题。

（4）华东师大重点实验室的"智慧树"融出版平台从学科、年级、图书、题目等多维度对出版资源进行管理，建立自适应测评系统，汇集不同试题，满足用户需求，并能计算分时段、分学科、分年级的统计分析数据。华东师大社实验室的研究方向可以用"一套工具、一种应用、一个平台"来概括，即面向移动互联网，研发跨平台跨终端且可视化设计的交互式数字媒体平台化工具；基于云计算技术，构建基于纸质图书与新媒体融合发展的教育出版云平台；基于数据分析和智能技术，针对学生的个性化和自适应学习，探索并研究面向教育出版的新型服务模式。

3.3.4.2　数字技术与出版资源平台建设

在创新和应用新技术新产品新业态，开发数字出版资源平台及技术，真正把"出版融合转型升级"从概念变为现实方面，新闻出版企业、高校、科研院所、融合发展实验也明确了方向，取得了明显进展，如时代出版的在线全媒体数字出版管理云平台、中版集团的数字精品内容综合运营平台、浙报集团新媒体产品展示发布平台的开发与运营；辽宁出版集团的新媒体融合产品开发平台，面向全媒体的网格化发行、内容呈现与交互及内容可视化等技术研究、多活性移动代理智能模板块等核心技术研发；咪咕数媒的纸质出版、电子出版、有声出版、视频出版、衍生出版相结合的五位一体全媒出版新模式；凤凰传媒基于云计算的教育出版、基于大数据的大众出版的数字化升级研究；南方传媒的全媒体采编与运营系统：云出版、云教育、云阅读、云媒体、云终端等。

（1）中版集团重点实验室坚持具体化、实践化、成果化的研发思路，完成了"中版集团数字精品内容综合运营平台"一期建设，并不断强化实验室的辐射带动作用，发挥标准支撑作用。

（2）咪咕数媒重点实验室全力推进运营模式创新，建立了纸质出版、电子出版、有声出版、视频出版、衍生出版相结合的五位一体全媒出版新模式。

（3）武汉重点实验室创新服务模式，通过 RAYS 系统，基于纸质图书，提供配套的线上资源和服务，打造线上和线下相结合的销售和盈利模式，挖掘纸质图书的潜在价值，快速促进传统编辑向全媒体编辑转型。

（4）辽宁实验室建设重点任务集中在三方面，一是开展内容协同生产、基于云计算的"采编、审校、印刷、发行"规范化集群化、面向全媒体的网格化发行、内容呈现与交互及内容可视化等技术研究，构建"互联网+"出版平台；二是进行出版传播新媒体大数据研究，绿色出版物评价研究；三是开展多活性移动代理智能模板块等核心技术研发应用，创新形成"互联网+"差异化信息出版服务新模式。辽宁实验室在信息化建设、数字化转型、标准体系建设、资源运营集约和组织人才管理上取得了系列进展。实验室建设了协同办公系统，集中管控系统，各业态 ERP 系统和数字转型各类支撑服务系统，解决制约出版主业发展的供应链问题；打造20余个知识库，利用大数据分析技术，对数据进行应用层面的分析，引导数据化管理、数据化运营等（田红媛，2017）。

（5）融合发展（郑州）重点实验室主要基于对增强现实(AR)、虚拟现实(VR)、复合数字出版(ISLI/MPR)等全媒体出版和移动出版技术研究，探索建立出版行业的相关行业技术标准；探索标准产业化创新应用的渠道、方式方法，研发复合数字出版底层及应用技术系统；开展全媒体及增强现实图书出版、动漫、影视、游戏一体化规划研发，实现内容资源"纸质图书+富媒体"的立体化呈现；打造全媒体出版产业链，构建"内容+平台+终端APP"的融合发展产业新模式。近年来，中原出版传媒集团、中原大地传媒股份有限公司在推进数字出版、拉动全产业链转型升级方面做了大量卓有成效的工作。截至目前，以内容规划中心、数字内容存储与管理中心、全媒体数字加工中心的"三个中心"和大地教育云平台、中阅网大众阅读平台、数据库出版与知识服务平台、数字印刷与按需出版平台、云书网电子商务与物流平台的"五个平台"，构成了出版产业融合发展的完整产业链（昂谷玉，2017）。

（6）中文传媒重点实验室将围绕图书仓储、图书卖场、行业标准、大数据云平台、文化物联网的打造以及基于云计算的数字资产管理技术和协同编纂系统等重点展开研发工作，研究课题包括 RFID 自动盘点工业机器人、成书自动（半自动）贴标机、印刷机械自动贴标工艺研发、物联网标准、自助收银 POS 机等新产品新技术的研究开发，真正为传统出版和新兴出版融合发展提供智力支撑、技术保障和示范经验。

3.3.4.3 营销平台建设与盈利模式创新

在更好地服务读者方面，新闻出版企业、高校、科研院所、融合发展实验进行了多种层面的探索，如四川新华实验室的"线上用户服务平台+线下智能终端"模式、长江传媒基于 RAYS 系统的线上和线下相结合的销售和盈利模式、时代新媒体出版社的"e起扫"等，这些新技术、新模式通过互联网，有效地连接了读者与企业与产品，对于媒体融合时代传统出版企业业绩水平的稳定与增长产生积极推动作用。

（1）武汉重点实验室创新服务模式，通过 RAYS 系统，基于纸质图书，提供配套的线上资源和服务，打造线上和线下相结合的销售和盈利模式，挖掘纸质图书的潜在价值，快速促进传统编辑向全媒体编辑转型。

（2）安徽教育出版社开发了具有自主知识产权的客户端——"e起扫"，将纸质教辅和时代教育在线平台的数字资源关联起来，通过线上增值服务，带动线下图书销售。下一步，该社将通过二维码教辅项目将时代出版传媒股份有限公司的教辅资源实现统一的线上运营，尽快形成具有规模用户的"互联网+教育出版"拳头产品（陈敏，谢峰，2017）。

（3）中文传媒发行集团通过稳妥推进"新华壹品"校园综合服务平台，有效构筑新的发行阵地，形成流量入口。为进一步提升质量和管理水平，主动调整"新华壹品"发展战略，实施平台经营，积极提质增效。一是实施平台经营，叠加新业态。规范"新华壹品"建设标准，推进"新华壹品"旗舰店建设，全面植入互联网阅卷、智慧校园、保险代理、教育培训、学生实践基地、作业本、校服和文创产品等新业务，以丰富收入来源，提升校园文化综合服务能力，尤其是服务未来教育数字化转型能力。二是优化现有经营模式和业态。通过引入加盟商、关停部分门店，优化商品品种，吸收品牌供应商，布局自动售卖机，改善供应链，着力全面提升零售业态的经营效益。三是加强信息化建设。对 ERP 系统进行了后台软件升级，并已完成对网点前台客户端系统的升级，以提升对网点的管控效率。

3.3.4.4　CNONIX 国家标准应用

CNONIX 是中国出版物在线信息交换图书产品信息格式规范的简称。CNONIX 国家标准通过统一规范我国出版物流通领域图书产品信息描述与交换格式，可以满足出版者通过互联网向发行者(批发商、经销商、零售商、网上书店、其他出版社)、图书馆等终端客户及其他涉及图书销售的供应链上贸易伙伴传递图书电子信息，提供出版物产品信息全方位、深层次开发、利用、管理数字化解决方案，整合出版物发行信息资源，实现出版物产品信息"一次加工，全程共享"，提供建设跨语种、跨媒体、跨区域的开放式出版物流通信息平台技术基础。

2013 年，国家新闻出版广电总局选定中南出版传媒集团湖南省新华书店作为试点单位，率先启动标准应用推广工作。中南传媒以及旗下各出版发行单位以 CNONIX 国家标准为抓手，积极构建并完善了新闻出版业信息数据体系，研发部署了一系列基于国家标准的业务应用工具和数据交换平台，为全面解决出版产业链长期以来数据交换和信息流通不畅的问题，并为国家新闻出版广电总局下一步构建行业级的出版物产品信息交换平台做出了积极探索和有益尝试（刘玉先，2015）。

3.3.5　新优势领域的拓展与培育

大力推动内容、技术、产品、市场的深度融合，实施数字化转型升级，是众多传统出版企业的重要发展战略。传统出版企业以市场为导向，不断开拓创新，初步形成了以出版传媒为主业，多元文化产业实体经营与资本经营并举发展的产业格局，企业资产规模不断扩大，经营效益继续稳步提升，市场竞争力和社会影响力不断增强。

为社会大众提供知识服务跟文化消费是众多传统新闻出版企业的基本定位，除坚守图书出版主业外，致力于以优质内容和创意资源垂直整合文化、生活、教育及娱乐等领域是数字时代传统新闻出版企业务实又具前瞻意义的选择，并已经在网络游戏、在线教育、影视、平台+电商、数据+信息服务、软件、金融业务等领域都进行了创新性的尝试，其中比较有代表性的领域是在线教育、游戏业务、影视、金融业务。

3.3.5.1 教育产业链

基于长期在教育出版领域积聚的资源，国内外出版集团均将教育作为其业务拓展的重点领域。如培生集团和英国埃克塞大学在线学位教育的探索，贝塔斯曼教育集团的构建。自李克强总理在政府工作报告中提出"互联网+"行动计划，国内出版传媒企业的"互联网+教育"业务模式进一步成熟。正如人民音乐出版社是音乐专业类出版社，在新媒体浪潮席卷之际，仍在以其专业水平为音乐教育事业服务。为教育事业服务，各传统出版机构将这一宗旨从纸介质媒体阶段一直延伸到数字新媒体阶段。围绕教育产业链，全面布局数字教育，围绕教育服务需求开发多样化的信息化产品，建立以提供数字化资源、教学软硬件、数字化学科工具和在线服务等在内的教育服务生态体系，打造以"内容+"为核心的优质知识产权服务生态集群，逐步从"产品提供商"向"服务运营商"转型升级是许多出版传媒企业在教育领域的战略选择，并在与数字新媒体的融合过程中主要从以下几方面进行了拓展：

（1）教育平台建设及在线教育服务。第39次《中国互联网络发展状况统计报告》显示，中国在线教育重点细分领域呈现不同程度的发展：首先，2016年在线中小学教育市场迅速发展。在线教育重点细分领域中，中小学（又称K12）用户使用率最高，为53.4%，较2015年底提升15.6个百分点，用户规模为7345万人，年增长率为76.9%。中小学互联网设施的完善为高清直播课程等在线教育方式提供基础。中小学教育培训市场主要以线下培训为主，辅之以在线题库、在线作业、在线课程复习等方式，线上线下结合以达到更好的培训效果。家长作为培训课程的决策者，为优质教育服务付费的意愿和能力都较强。其次，中国在线职业教育需求旺盛，网民使用率为34.4%，用户规模为4731万人。随着中国经济的转型升级，人才结构性矛盾越来越突出，高层次技术技能型人才的数量和结构远不能满足市场需求，在线职业教育仍是一片待开发的蓝海。此外，网民使用在线语言培训、在线大学生/研究生教育的比例分别为28.6%和17.2%。具体见图3-3。

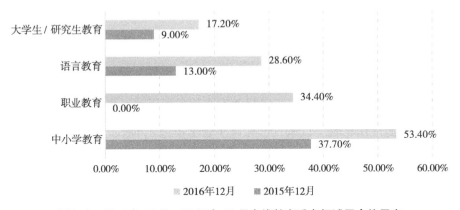

图3-3　2015年12月—2016年12月在线教育重点领域用户使用率

在纸介质媒体阶段，教材教辅出版业务使传统出版结构拥有最优质的教育内容资源，对教育教学规律有深刻的感悟，并因长期的业务关联与大中小学、与教育行政主管部门建立了非常紧密的联系，并因教材的编写、研讨而掌握着一批优秀的作者资源。在数字化浪潮冲击中，传统出版机构充分发掘了数字新媒体无与伦比的先天优势，形成各具特色的数字教育产品和服务，迅速走入校园、走入课堂。例如：时代出版公司加速与互联网相融合，推进新媒体业务发展，时代教育在线平台业务进展顺利；凤凰传媒已把由传统教育出版商向教育综合运营商转变作为公司的核心战略之一，近年来，通过凤凰传媒围绕数字内容、网络平台、软件技术、数据管理等几个重点板块积极布局智慧教育业务，努力打造体系较为完整、结构较为合理的智慧教育产业链；长江传媒主要业务模式是以多多社区平台为基础，围绕地方课程配套支撑平台、教育服务、教育资源及数字教育配套移动终端进行业务运营；中南传媒通过研发聚合精准丰富的数字化内容，实施软硬件系统集成，形成以大数据为中心，由智慧教育云、智慧校园、智慧课堂、智慧沟通组成的教育信息化整体解决方案，销售给单个学校与区域教育行政部门（产品最终使用者亦为该区域内的学校）。

其各自特色及具体表现：

①时代出版——时代教育在线。经过五年的持续研发投入，时代出版重点打造的数字教育平台——时代教育在线发展迅速，自纳入"安徽省基础教育资源应用平台"以来，已拥有注册学校近2万所、注册教师用户33万，注册学生近20万，首批试点应用学校覆盖全省7个省辖市近百所学校，通过个性化服务得到了省教育厅和应用学校的一致好评。"时代教育在线"现已入选"国家数字复合出版系统工程"应用试点单位，重点参与出版业在线学习平台等近10个分包的应用试点工作；通过中国移动咪咕数字教育评审，成为其首批合作单位。作为全国电子书包标准组成员单位，公司所属时代教育网络公司和"时代教育在线"分获"电子课本与书包标准专题组先进单位""全国电子课本与电子书包标准专题组优秀案例应用奖"等荣誉称号。目前时代教育在线的主要营业收入有两种，一种是面向

政府、学校机构：由政府、学校机构通过招标采购平台内容资源、互动课堂管理系统、智慧校园云平台以及学校在线购买资源服务内容；另外一种是面向家长用户包月收费：由家长用户通过包月购买移动客户端，目前此项业务处于免费推广阶段。

②凤凰传媒——学科网。凤凰传媒与江苏省教育厅就智慧教育建立战略合作关系，将通过在教学资源、应用服务体系、大数据服务、装备服务等四个方面的合作，共同在江苏省推动教育信息化。公司研发的凤凰云课堂 2.0 版等数字化教学软件，在江苏、安徽等 6 个省份收费使用；完成初高中衔接三个科目的特色网络课程，参与创立"世界创客教育联盟"；推进中小学信息技术课程配套教学平台建设，教师平台已面向全省教师开放；与江苏移动合作，抓住全国校讯通转型契机，努力占据教育领域移动端入口，其中作业 100 江苏地区累计用户近 120 万。凰传媒旗下的学科网是国内基础教育资源最丰富的网站。厦门创壹是国内职业教育数字化领域最具实力的领军企业，是教育部职教所选定的开发、制作、发行三维互动数字化教学资源"唯一合作单位"。学科网市场覆盖不断扩大，营业收入持续增长。2016 全年合作学校超过 25000 所，新增 7000 所，其中省重点中学达 2229 所，占总数的 77.94%；营业收入 9389 万元，同比增长超 20%。凤凰创壹虚拟实训软件课程已近 600 门，并已启动战略投资者引进工作。

③长江传媒——多多网。目前长江传媒在线教育的盈利模式是政府采购、政府招标、对外合作平台共建。目前平台基础资源产品对用户免费开放，政府采购及定制化平台开发按项目收费。

长江传媒电子化课程已颇具规模：微学堂项目已配套 K12 阶段 98 本公告类教辅，共开发 2458 个优质高清视频，视频总时长超过 1 万分钟，学科范围覆盖小学语文、数学、英语、科学，初中语文、数学、英语、物理、化学、生物，支撑数字化学习的教辅总发行量超过 1600 万册；题库项目已上线35000道高考试题；多多平台基础资源配套K12阶段教材目录开发，涵盖小学至高中所有学科、各种版本的开放式教学资源库系统，内容包括教案、课件、动画、音频、视频等各种类型教学资源，资源量超44万条。目前上述所有产品以多多社区为基础，实名用户数量约453万。

④中南传媒——智慧教育生态系统。中南传媒在线教育业务的特色在于构建了包括智慧教育云、智慧校园、智慧课堂、智慧沟通在内的智慧教育生态系统。其中，天闻数媒主要打造包括"平台+内容+服务+运营"，完整覆盖中小学课前、课中、课后、课外教学全流程的数字教育解决方案。2016年天闻数媒实现营业收入5.39亿元，同比增长34.84%。在线教育产品覆盖全国30个省（区、市）239个区（县）约2600所学校，共建设图片、音视频、动画等资源46万余条，单元测试、模拟题、真题等题库总量108万道。湖南教育社旗下的"贝壳网"主要针对教师群体，打造精准教学互动平台，形成以内容与素材、备课与教研、作业与考试、健康与发展四大板块为主的数字教育产品，截至报告期末总用户量突破20万，日均PV稳定在12万左右。湖南省新华书店旗下的中南迅智主要打造A佳大数据云平台，通过云平台采集的数据进行运算和分析，建立集扫描系统、阅卷系统、评测系统于一体的A佳学业评测中心，目前已建成81家评测中心，累计服务考生约120万人次。

（2）基于教育资源的衍生业务体系形成。除教育平台的搭建及在线教育等业务的展开，传统出版传媒企业基于所拥有的教育教学资源，不断拓展泛衍生业务。如时代少儿计划立足于优质资源的整合和打通，以出版业务为核心，辐射教育培训、数字新媒体、动漫、游戏、影视、文化创意、文化服务贸易、周边开发等少儿上下游产业，由少儿领域的单一产品向全产业链乃至产业群延伸，有效提升公司在少儿文化与教育领域的核心竞争力和品牌影响力。长江传媒公司则以项目和产品为抓手，推动产业链延伸，培育产业发展新增长点，实施传统媒体与新媒体融合发展工程，全面带动产业升级。城市传媒、天舟文化、中文传媒等公司等则开始大力拓展培训市场。

①时代出版的少儿业务开发。时代少儿旗下安徽时代漫游文化传媒股份有限公司目前已完成三大业务板块的战略布局，既有针对机构用户的豚宝宝电子课件在全国多个省份多家终端幼儿园所落地，也有针对家庭用户融合"APP、绘本、动画、玩具"为一体的豚宝宝妙趣盒产品投放市场，还有针对幼教市场实体教育培训的豚宝宝成长中心开始营业。2016年，与时代漫游深度合作的优质幼教经销代理商已覆盖全国15个省，遍及2000多家终端幼儿园所，课件及配套材料包销售逾50000套，"豚宝宝妙趣盒"目前已有6个系列15款单品完成批量生产，正式进入市场。

②长江传媒的幼儿教育整体解决方案。长江少儿集团强化少儿科普、儿童文学、绘本产品线建设，初步形成出版主业、学前教育、儿童数媒相融合的发展模式，进入创客教育、3D打印、AR技术应用等新兴领域，产业布局日渐清晰。在登陆"新三板"第一年，"爱立方"构建起适合我国幼儿教育市场的幼儿课程、幼儿玩教具及幼教云平台服务，并以连锁幼儿园为载体，提供"三位一体"的幼儿教育整体解决方案，已覆盖200余家园所、注册用户超50000人。

③出版传媒的儿童主题乐园。北方联合出版传媒（集团）股份有限公司深度挖掘图书内容资源，依托原创IP，孵化和培育文化衍生业态。公司建设的国内首家集教育、高科技体验、休闲娱乐为一体的全媒体大型儿童主题乐园——大耳娃魔法帝国落户沈阳中街并正式运营，取得了预期效果。

3.3.5.2　泛娱乐之游戏业务

随着中国经济的快速发展及居民收入水平的不断提高，人民群众对精神文化方面的需求也越来越旺盛。第40次《中国互联网络发展状况统计报告》显示，网络娱乐类应用用户规模稳步增长，行业不断向正规化发展。网络娱乐类应用进一步向移动端转移，手机网络音乐、视频、游戏、文学用户规模增长率均在4%以上。网络游戏作为大众日常娱乐的最常见项目，发展迅速。网络游戏行业营收规模显著增长，游戏与IP其他环节产业的联动日益加深。国家新闻出版广电总局主管的中国音数协游戏工委发布的《2016年中国游戏产业报告》显示：2016年中国游戏产业规模实现1655.7亿元，同比增长17.7%。自主研发的网络游戏达到1182.5亿元，同比增长19.9%。移动游戏超过客户端游戏市场规模达49.5%。移动游戏用户规模达5.28亿，同比增长15.9%。中国游戏产业报告显示中国游戏市场已逐渐步入成熟期，规模扩张逐步放缓、竞争逐步加剧，但发展前景仍极具吸引力。因此在与数字新媒体融合过程中，天舟文化、中文传媒等出版传媒企业仍将发展游戏业务作为主要的业绩增长点，并进行持续的研发投入，形成自己的特色和优势。

（1）天舟文化。天舟文化旗下子公司神奇时代坚持精品化策略，不断加大研发力度，新游戏产品储备丰富，其自研精品游戏《忘仙》和《卧虎藏龙》一直保持平稳的业绩增长。继采用发行股份和支付现金方式，斥资12.54亿元完成神奇时代100%股权收购后，天舟文化2016年继续渗透加码游戏产业，顺利完成了对游爱网络的并购重组。游爱网络已有多款自研手游产品《风云天下OL》、《比武招亲》、《蜂鸟五虎将》、《非神勿扰》、《蜀山天下》等成功上线运营，月流水超千万。通过一系列投资并购，天舟公司丰富了其在移动互联网娱乐领域的产品类型，增强了公司在该领域的研发、发行、运营方面的业务实力，有助于公司实现在移动互联网娱乐的全产业链布局，打造新的利润增长点。

从表3-1可以看到，游戏收入已占公司年营业收入的40%以上，在公司的业务布局中具有举足轻重的地位。

表3-1　营业收入分行业、分产品构成情况

	2016年		2015年		同比增减（%）
	金额（元）	占营业收入比重（%）	金额（元）	占营业收入比重（%）	
营业收入合计	799939639.94	100	544282530.17	100	43.30
分行业					
图书出版发行	434188218.87	55.67	293117550.87	53.85	48.13
移动网络游戏	345751421.07	44.33	251164979.30	46.15	37.66
分产品					
青少年图书	385976435.20	49.49	209342058.43	38.46	84.38
社科类图书	46187775.03	5.92	81400342.47	14.96	−43.26
移动网络游戏—忘仙	112792446.01	14.46	117221989.44	21.54	−3.78
移动网络游戏—卧虎藏龙	91132377.10	11.69	109638709.96	20.14	−16.88
其他	143850606.60	18.44	26679429.87	4.90	439.18

（数据来源：天舟文化股份有限公司2016年年度报告）

（2）中文传媒。中文传媒新业态板块下的智明星公司通致力于将自身打造成为国际化互联网平台型企业和大型互联游戏开发及海外分发平台。公司坚持游戏研运一体和精品化运营，在产品研发上具有持续创新和不断成功复制产品的能力。2016年完成营业收入47.38亿元，同比增长51.65%；合并层面归母净利润5.93亿元，同比增长83.47%。扣除补计智明星通管理层超额奖励0.89亿元后对公司净贡献5.04亿元，比上年同期3.23亿元增长56.04%。具体见表3-2。

表3-2　互联网游戏业务情况

项目	营业收入			营业成本			推广营销费用		
	上年（万元）	本年（万元）	增减比率（%）	上年（万元）	本年（万元）	增减比率（%）	上年（万元）	本年（万元）	占本年收入比例（%）
游戏服务收入	282449.90	455456.43	61.25	107724.94	189244.28	75.67	127203.78	151297.94	33.22
互联网产品服务收入	19729.97	4811.64	−75.61	421.00	231.06	−45.12	10059.71	1872.75	38.92
授权运营游戏收入	10274.23	13577.96	32.16						
合计	312454.10	473846.02	51.65	108145.94	189475.33	75.20	137263.49	153170.69	32.32

（数据来源：中文传媒股份有限公司2016年年度报告）

3.3.5.3　影视、视频业务

作为文化产业的重要组成部分及IP产业链上的重要一环，影视、视频业务为很多出版传媒企业重点关注，并取得了可喜的进展。如时代出版和凤凰传媒公司。时代出版公司在战略上意图构筑全媒体产业链，并做大影视和微电影业务，推出一批既叫好又叫座的影视作品，公司影视作品实现立体开发，影视板块初具规模。

凤凰传媒公司影视板块已步入良性发展轨道，电视剧业务传统优势继续巩固，《山海经之赤影传说》《姐妹兄弟》两部电视剧热播，电影业务亦取得突破，主投的《谎言西西里》、参投的《血战钢锯岭》两部电影上映，反响热烈。

城市传媒旗下的青岛城市传媒影视公司也将在积极的政策优势及良好的产业发展背景下，一方面加大自有版权产品的影视剧领域开发，加强与国内优质影视公司合作；另一方面将继续吸引人才，积极寻求国际合作，开发国际级的电影及纪录片作品。公司影视板块业务起步虽晚，但作品已斩获国家级大奖，开局顺利。

3.3.5.4　衍生服务

传统经济时代的信息不对称造成的信息壁垒，为传统图书出版的代理商、批发商、零售商带来巨大的利润的空间。但是进入新的媒介融合时代，信息流动的新法则几乎改变了所有行业。

传统图书出版依靠对丰富优质内容资源的开发，转型"超级内容提供商"，不断拓展内容服务的宽度。从受众和消费者角度看，在物质充裕的现代社会，用户开始希望被企业当作个体，而非市场对待，大规模、流水线式的制造逐渐转向定制化生产，柔性个性化服务将逐步成为消费主流。传统图书出版企业要通过"内容+服务"构建新的商业版图，追赶消费的主流变化。人民交通出版社的实践是"内容+服务"的真实案例。人民交通出版社与上海齐家赛弗船舶技术有限公司联合研发"全球航海信息智能服务系统航海水文数据系统"，并对其拥有完全的自主知识产权。保障全球可航行海（水）域的水文数据统计更新的及时和全面，是世界各国航运面临的技术性难题。世界上超过95%的船舶近岸搁浅甚至由此导致的大面积污染，都是船舶未能及时收集更新信息所致，"全球航海信息智能服务系统"的设计研发正是对症下药，提供针对性的服务，事实证明这样一款数字化智能产品能够最大限度地避免此类遗憾发生。

媒介融合使内容多媒体化成为一个必然的事实，同时，也使得内容服务成为创新实践的重要组成部分。随着媒介融合进程的提速，产业价值链中服务和应用部分的价值开始凸显，以"内容+服务"牢牢吸引原有用户，开发新用户、新业务，这可以成为传统图书出版在激烈的行业竞争中脱颖而出的路径之一。

3.3.5.5　金融——推进并购重组

金融业务在出版传媒企业中的使命一在于盈利，二在于帮助公司寻找并购机会，收购新媒体公司，完成产业链的延伸及在新媒体泛娱乐产业中的布局。目前出版传媒上市公司通过设立并购基金及投资公司进行的产业布局情况：

（1）基金业务。

①出版传媒——文化产业布局。出版传媒公司投资2亿元，联手国内知名券商国泰君安，成立了辽宁省第一支完全市场化运作的文化产业投资基金——辽宁博鸿文化产业创业投资基金。基金首期5亿元规模，二期10亿元规模，投资方向锁定IP开发、互联网、数字出版、游戏、影视、动漫、教育等产业，将形成20亿规模的投资拉动。

②南方传媒——资本运作平台，推动外延式扩张。公司参与广东省委宣传部倡导设立的百亿级文化产业基金"广东省新媒体产业基金"；旗下投资公司正与广州证券、粤科金融集团联合发起设立"南方传媒产业并购基金"。公司在投资公司、政府政策引导基金和产业并购基金方面的布局，将为深入挖掘教育、新媒体等领域潜在投资机会提供抓手。

③皖新传媒——运用基金投资布局聚合产业资源。设立金智科教创业基金，参与产业板块上下游整合；投资正和岛基金打造全新的投资生态圈；联合设立中以数字教育基金，聚焦数字教育领域产业孵化。

④中文传媒——产融结合，大力推动"新媒体基金"项目。公司力推产融结合，大力推动"新媒体基金"项目。通过新媒体基金，重点考察和投资TMT领域优质项目，为公司产业升级嫁接外部资源，为未来的并购重组储备并孵化项目。

一是2015年7月，在国内同类上市公司率先注册成立以互联网领域为主要投向的新媒体基金—共青城睿创投资管理合伙企业（有限合伙），首期募集资金为1亿元，目前有智明星通管理团队和中文传媒两个有限合伙人，投资金额分别为6000万元和4000万元，主要是面向互联网+传统产业结合，且具有高度成长潜力的初创型公司，以及互联网+传媒产业的后期项目，包括私有化后A股上市公司。睿创投资管理合伙企业运营以来围绕新媒体、在线教育、移动互联网广告等领域进行了投资，目前投资了安徽七天教育科技有限公司、北京精益智慧教育科技有限责任公司、杭州纳星科技有限公司、北京新澜互动广告有限公司等项目，投资效益良好。

二是设立星辰基金。为抓住当前教育行业有利的投资机会，公司与唐彬森等人通过发起设立星辰基金，专注于教育行业的投资。

（2）投资公司。出版传媒上市公司旗下的投资公司致力于用资本撬动产业，培育发展新动能。

以中文传媒为例，其旗下的蓝海国投不断创新经营机制，旨在打造中国文化企业的"红杉资本"。

中文传媒旗下的蓝海国投致力于将自身打造成集投融资平台、资金管理、重点项目、股权管理为一身，集资金优势、体制优势、投研优势为一体的大型综合性投资管理公司，成为公司新的利润增长点和战略性文化投资及资产管理机构。

第4章 融合发展中的风险、突出问题与对策建议

4.1 融合发展中的风险与突出问题

4.1.1 市场竞争加剧

截至2016年，全国拥有出版传媒集团119家，出版发行和印刷上市公司33家。归因于事业体制下的行业规划与布局，虽已转企改制，但出版行业整体市场集中度不高、各地区出版产业同质化现象依然存在。目前各省区市图书出版集团、报刊出版集团、发行集团林立，各集团及上市公司的战略发展规划、目标定位、盈利模式在一定程度上趋同，行业内部的竞争日趋激烈。

更加强大的、潜在的竞争压力可能来自于产业外部。技术进步已使许多行政性的壁垒荡然无存，行业版图改写。目前随着互联网、移动互联网技术的日益成熟，随着出版行业目标用户行为模式的变迁，互联网企业凭借强大的资本、技术、体制优势，逐渐打通泛娱乐产业链，构建泛娱乐生态系统，过程中势必与出版行业有所交叉，对目前在位企业的市场份额造成侵蚀和挤压，对传统媒体的原有业务模式、盈利模式产生冲击，使传统出版企业面临更为激烈的市场竞争。

4.1.2 人才流失不容忽视

作为文化创意产业的重要组成部分，出版业属于知识和智力密集型行业。创新创意人才是出版传媒企业传承与发展的核心要素。引进和留住人

才是企业发展的关键，是企业长久持续发展的保障，如果企业的人才资源不能跟随业务的增长而同步扩张，或者企业的核心人才队伍不稳定，都将可能对企业的正常经营产生不利影响。

互联网、移动互联网技术的成熟及政策壁垒的逐步松动改写了内容产品的生产流程，更多资本汇聚到行业中来，内容创作者因此拥有了更多的职业发展机会与选择。目前，出版传媒企业纷纷出台"双效"业绩考核及薪酬管理办法，创新人才激励机制，并且在混合所有制企业和新创企业中积极进行骨干员工持股和股权激励试点。但对竞争性市场中的出版传媒企业而言，当前面临的主要挑战，是面对民营传媒企业的竞争，其目前的薪酬水平和股权激励范围与预期仍有一定距离，不足以使传统出版企业在市场竞争中赢得主动。目前传统出版传媒行业凭借其长期积累形成的品牌优势对于优秀内容创作者仍具吸引力，但随着人才市场竞争的日趋激烈，随着未来业务规模的不断扩大以及出版发行业务的多元化发展，前景不可预料，公司可能面临人才管理和激励措施不足导致核心人才流失的风险。

4.1.3　并购及整合具难度

为实现企业的战略目标，转企改制及上市后的出版传媒企业、集团及上市公司纷纷通过合并、参股、控股等方式汇聚资源、延伸业务领域。但是，企业跨行业并购过程中的风险因素非常复杂，涉及并购企业、目标企业，还有各方势力。并购双方的信息不对称、对目标企业价值评估不准确、外部政策环境变化等都会导致并购失败使企业发生损失。每个出版传媒企业都有属于自己的发展战略，在企业实现多元化过程中，为了快速发展壮大，可能在并购战略决策准备不充分或者对并购标的选择比较盲目的情况下实施并购，并由此带来战略决策风险而导致并购失败。并购中的目标企业价值评估也风险重重，既要评估有形资产，又要对商誉等无形资产进行估值，如果无法正确使用评估技术或者评估人员因利益驱使，进行不切实际的评估，都会使公司的价值偏离其真实性。出版传媒企业的并购过程中可能会涉及大量的国资部门审批流程，综合复杂的审批流程，导致这个过程时间跨度加大，在一定程度上会加剧并购风险。由于出版传媒行业特性所决定，同行业的合并现在由于处于改制初期，很多都是行政划拨，并没有完全市场化，大多数出版传媒业为了实现多元化发展所进行的是跨行业并购。出版传媒行业有其自身的经营模式，并购交易完成后，因跨界经营，整合颇具难度，导致并购后难以产生协同效应。

从出版传媒上市公司年报中，我们可以看到通过并购整合，出版传媒上市公司逐步涉足在线教育、游戏、影视、金融、电商、信息服务、软件等行业和领域，以期在利润丰厚的新领域中占有一席之地。虽然出版传媒公司在并购过程中采取谨慎的策略，但是根据对出版传媒上市公司2011—2016年并购交易失败案例的分析和总结中可以发现，并购决策失误风险随时都可能出现，并购后的整合难度不容小觑，在上述的并购前、并购中、并购后整合各环节都已有出版传媒企业陷入僵局，导致并购达不到预期目标，使出版传媒企业期望通过并购获取企业所需资源、进入新行业，并期望在新的领域中延续辉煌具有一定悬念。

4.1.4 新兴业态的盈利模式和市场前景面临不确定性

随着互联网和通信技术的飞速发展，文化与科技的融合不断加深，数字出版技术日渐普及和应用，从长远来看，如果传统的纸媒出版传媒企业不能迅速吸收和应用先进的数字技术，大力发展以数字化内容、数字化生产和网络化传播为主要特征的新媒体，则在未来的市场竞争中将会越来越多地受到新媒体新技术的冲击。近年来，许多出版传媒企业紧密跟踪新技术的发展趋势，大举介入数字教育领域，进行了前瞻性的战略布局，产品研发与市场拓展均顺利，成为国内领先的数字教育整体解决方案提供商。除数字教育，出版传媒企业还沿着教育产业链进行了扩张，在致力于以优质内容和创意资源垂直整合文化、生活、教育及娱乐等领域方面做出了许多探索，并已经在网络游戏、在线教育、影视、平台+电商、数据+信息服务、软件、金融业务等领域都进行了创新性的尝试。这些尝试，拓展了企业的业务版图，但是，但作为新兴业态，出版传媒企业在其中积累的资源和经验尚显不足，其盈利模式和市场前景面临不确定性，存在一定的风险。

4.2　关于融合发展的对策建议

4.2.1　坚持通过融合创新坚守优势领域

　　虽然媒体融合进程不可逆转，出版市场进一步开放，各路资本竞相进入逐利，但是就出版传媒上市公司的年报数据来看，出版传媒上市公司在传统的出版、发行、印刷、物资销售等领域所实现的销售收入、毛利率等仍保持稳定，说明社会公众的行为模式存在一定的惯性，传统及新兴出版市场规模在未来一段时间会持续扩大，而出版传媒企业在这些领域仍保持着明显的竞争优势，需要坚守。在未来的发展中，出版传媒企业需认真面对社会公众阅读习惯的变化，坚持与新技术及新媒体融合，不断在内容生产、营销推广等环节改革创新，通过引进新技术、整合内容资源、并购优质企业、升级实体网络等多种方式，实现传统业务的转型升级，生产出满足社会公众需要的优秀产品，维系并重塑其在出版领域的竞争优势。

4.2.2　在内容生产、营销推广等环节加快与新兴媒体的融合

　　未来更为激烈的市场竞争要求传统出版企业提供符合移动互联时代社会公众的消费偏好和阅读习惯的产品和服务。在实践中，为落实《关于推动传统出版和新兴出版融合发展的指导意见》精神，切实推动传统出版和新兴出版在内容、渠道、平台、经营、管理等方面的深度融合，实现出版

内容、技术应用、平台终端、人才队伍的共享融通，各出版企业根据自身实际情况进行了各种探索和努力。

在出版传媒企业的内容生产过程，对于优质内容资源的占有一直是各出版经营主体之间竞争的关键。为了应对原创渠道的平民化趋势，传统出版企业开始更大范围、更大可能地接触潜在的优质内容资源，以实现对优质内容资源的占有；传统媒体出版企业普遍意识到作者是出版企业的核心资源，是其出版事业可持续发展的基石，开始秉持作者至上理念并落实到日常运营实践中；基于大数据的内容定制也随着京东版《大卫·贝克汉姆》一书的推出而开启；出版企业也尝试对内容进行深度处理及多种方式呈现，如有声书开发、VR/AR交互出版物的研发等。

出版企业也持续进行数字技术在传统出版企业营销平台及渠道建设中的应用探索，在互联网、移动互联网营销渠道的搭建与使用方面不断创新，使自己的渠道、终端不断拓展，以实现媒体渠道和终端的全面覆盖，更好地服务社会，创造经济与社会效益。传统出版企业通过网站、自有营销平台建设与运营宣传品牌、展示产品，将作者、出版社、技术提供商、渠道运营商、读者有机结合在一起；通过APP、微博、微信平台推广产品、增强用户黏性，实现了信息内容的发布与收集，更好地建立起作者与读者、编辑与读者之间的沟通互动。目前出版社和图书公司已将微信公号视为品牌营销、互动和产品推广的重地。各出版企业还积极与电商合作，拓展线上销售业务，也积极推动与移动阅读基地的合作，抢占数字出版市场。

上述模式和具体操作被证明现实有效，可供参考与借鉴。

4.2.3　建立健全现代企业制度，合理设计激励机制

随着政策壁垒的逐步打开，行业外资本逐步进入出版领域。转企改制后，传统出版企业也开始向新领域扩张。在这一融合进程中，人才是未来

制胜的关键，也成为各路资本争夺的焦点。传统出版传媒行业转企改制时间尚短，体制、机制仍在顺应市场需要不断改革、完善中。就激励机制而言，目前与互联网企业等充分市场化的公司相比在制度设计上仍存在一定差距。出版传媒企业需要顺应市场需要在激励机制设计方面做出重大变革，以更好地应对未来更为残酷的市场竞争。

传统出版企业在运营实践中，尝试进行内部组织结构的重构再造，逐步建立顺畅高效、适应市场竞争和一体化发展的内部运行机制。进一步强化党委领导下的法人治理结构，完善有文化特色的现代企业制度。也尝试完善内部绩效考核体系，实行差异化考核，通过机制创新，把对社会效益和经济效益的要求内化为企业精神和发展理念，成为员工的自觉追求和行为准则。

《关于推动传统出版和新兴出版融合发展的指导意见》中，明确要完善经营管理机制。文件要求传统出版企业积极适应出版融合发展要求，主动探索出版单位在网络出版以及对外专项出版领域，探索实行管理股试点。增强传统出版单位的市场竞争意识和能力，健全技术创新激励机制和容错、纠错机制，探索建立股权激励机制。在融合发展实践中，出版企业围绕上述核心问题进行了开拓性的探索和实践。城市传媒、中南传媒、长江传媒、凤凰传媒等传统出版企业已在上述政策指引下，在混合所有制企业和新创企业中积极进行骨干员工持股和股权激励试点。城市传媒、长江传媒探索推行职业经理人制度，以加大新兴媒体内容生产、技术研发、资本运作和经营管理人才的培养引进力度。

上述举措有助于传统出版企业内形成区域性的人才高地，助推公司转型升级发展，可推广、借鉴。

4.2.4　通过直接投资、并购重组等方式积极并谨慎地开拓新领域

传统出版企业在互联网公司的版图扩张中必然会受到波及。但企业仍

然有扩张的需要。毫无疑问，以"互联网+"为代表的新兴业态将成为文化创意产业的战略制高点，其中蕴含的市场空间巨大，盈利前景可期。近年来，根据网络与传统媒体版权改编的影视剧、游戏持续火爆，优质IP估值大幅提升。以作家和优质IP为核心，涵盖纸质、数字出版、影视、游戏、动漫、相关衍生品、实景娱乐开发等在内的全版权运营成为行业发展趋势。目前已有传统出版企业基于现有的IP资源、资金实力在这些新兴业态投资布局。更有一些企业凭借资金实力及资源整合能力通过并购重组方式进入上述新兴业态，通过外部成长方式，实现规模扩张。这些并购重组完成后仍存在盈利预测风险、业绩承诺无法实现的风险、整合风险及商誉减值风险。对此应紧密关注重组公司发展中所遇到的风险，加强业务协同、财务管控的力度，保证企业的平稳健康发展。

目前BAT等互联网企业的泛娱乐投资脉络已很清晰，传统出版企业在这些领域的投资布局、并购重组，未来势必面对更加严酷的竞争。因此在拓展新领域时，传统出版企业务必要慎重。

第5章 媒介融合中凤凰传媒盈利模式的变迁

5.1 凤凰传媒盈利模式的变迁

5.1.1 凤凰传媒简介

江苏凤凰出版传媒股份有限公司（以下简称凤凰传媒）是由凤凰出版传媒集团控股（见图5-1），2011年11月30日在上海证券交易所上市，主营业务为图书、报刊、电子出版物、音像制品的编辑出版、印刷、发行的传媒类上市公司。公司的教育出版、一般图书出版、图书发行等主要业务板块在国内出版集团中均名列前茅。

在巩固传统业务优势的基础上，凤凰传媒公司持续加大转型升级力度，积极完善产业布局，在智慧教育、影视、职业教育、云计算、大数据、游戏、娱乐等领域积极拓展，形成了新旧媒体有效融合、新老业务相辅相成的产业布局。凤凰传媒综合出版能力及出版能力的成长性被评为全国第一，拥有9家出版社、1家都市类日报，其中6家出版单位为国家一级出版社。凤凰传媒的大众出版位列国内出版业第一阵营，是全国中小学教材第二大出版商。其国家级出版大奖获奖总数位居全国前列。凤凰传媒数字出版多点布局，形成规模和盈利模式，初步实现数字化转型。学科网、凤凰云校园、慕和网络、凤凰云计算中心、凤凰职教虚拟实训平台、凤凰传奇影业公司等成长迅速，建成了品牌集群。凤凰传媒目前正在依托教育资源平台，全力打造"一云多端"的凤凰智慧教育平台。凤凰集团的核心目标是打造创新型文化领军企业，成为全国文化产业重要的战略投资者，努力成为世界出版传媒强企。

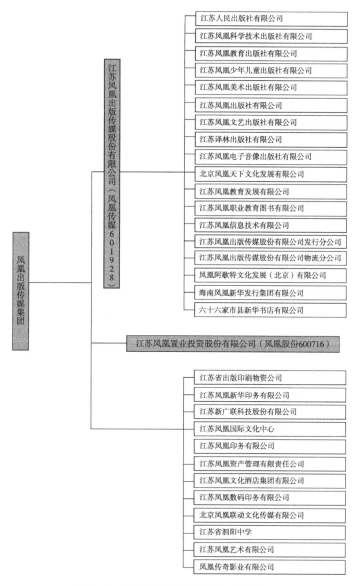

图5-1　凤凰出版传媒集团组织结构图

5.1.1.1 凤凰传媒业务简介

1.出版业务

主要包括教材、教辅、一般图书、电子出版物、音像制品的编辑出版。公司下属9家出版单位，围绕各自的出版专业定位，策划组织选题并组稿，按专业出版流程完成图书出版工作，并通过相关渠道面向市场进行销售。其中，5家出版单位从事教材中小学出版业务，7家单位具备中小学教辅出版资质，9家单位从事一般图书出版业务。人民社等5家出版社共有24种中小学教材，经教育部审定成为国家基础教育课程标准教材，列入国家教学用书目录，在全国推广使用。公司下属各出版单位围绕自身出版理念和专业定位，策划相关选题并组稿，或采用相应的社会来稿，经三审三校等完成出版流程，通过相关发行渠道走向市场。

2.发行业务

主要包括教材教辅发行和一般图书发行业务、教学装备销售、物流配送、文化商业地产运营等业务。公司作为江苏、海南两省唯一具备教材发行资质的单位，承担着两省各地各校教辅材料的发行工作（承担各省评议公告教辅材料发行的单位，应具备教材发行资质）；公司通过实体书店连锁经营、电子商务、团供直销、流动供应等方式开展一般图书发行业务。

3.印刷业务

主要从事教材、教辅、一般图书、票据、包装品的印刷，积极向以按需出版、个性定制、自出版为主的数码印刷转型。

4.游戏业务

自主研发、运营手机游戏业务，代理运营其他手机游戏企业的产品；运营单机版游戏资讯网站，进行周边产品、网站广告销售。

5.影视业务

通过主要投资与参与投资相结合的方式，从事电视剧、电影的制作、发行、艺人经纪及相关服务业务。

6.软件业务

主要从事幼儿教育、基础教育、职业教育等教学软件、虚拟实训软件、网络平台及教育APP的研发、销售,包括产品策划、软件开发、推广销售等。

7.数据业务

依托优质的数据中心资源,高品质、大容量宽带资源,专业、高保障运维服务,以机房(机架)租赁、带宽运营、云服务为主要业务,面向政府和企事业客户提供安全、按需使用的IT服务。

5.1.1.2 凤凰传媒发展基本历程

2012年,公司数字化建设取得新突破,多方面建设成果显著。公司内容生产取得新突破,不断推进高质量书籍;海外产品业务也有了较为辉煌的业绩;开发新型业态,兑现上市承诺,加大转型力度,拓展发展空间的工作思路,以书业为核心,以物业为依托,以数字技术为基础;出版业务上坚持内容不断地创新,数字出版业务也有一定程度上的增长。同时,发行业务紧紧围绕"打造中国现代书业第一网"的目标,积极调整销售结构,多元拓展成绩显著。

2013年,在2012年发展的基础上,公司不断强化继续发展出版主业的同时,力保大盘稳中有升,内容生产再创佳绩;数字化转型也取得了显著成效,产业链完善与拓展取得突破,经营业绩持续攀升。另外,凤凰传媒也在加速发展产业链的延伸拓展。

2014年,公司有了明显的转型突破,数字化产业的业务日趋完善,国际化战略有了重大突破,大众出版亮点迭出,内容优势进一步加强,公司经营管理水平显著提升。同时,公司拓展完善产业链条,添加了游戏、影视、软件、数据等新业态业务。

2015年,公司持续以内容创意为核心,以数字技术为根本,以优质物业为依托,打造文化产业生态圈,以打造新老媒体融合发展的大型多元传媒企业的战略目标。稳步发展传统业务，也在加大对新兴领域的拓展，持续推进产业不断转型升级，做稳存量，做强增量，保持了持续健康的发展势头。

2016年，公司对于大众出版的导向意识、精品意识文化进一步加强巩固。教育出版方面继续保持优势，发行机构的重组促进发展，也构成了更加清晰的产业链模式。数字化建设步伐明显加快，使公司继续保持高速增长态势。影视方面发展势头较好，有较多发展空间。也有众多产品在国际中获得了较高赞赏，总体来说，这一年凤凰传媒在克服一切严峻的不利因素的同时，各项业务全面发展，各项经济指标以高速增长。凤凰传媒的发展历程见图5-2。

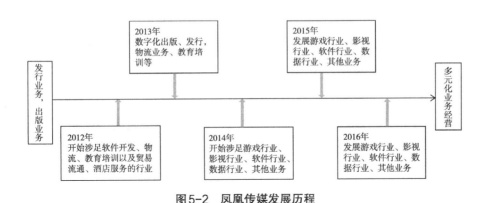

图5-2　凤凰传媒发展历程

5.1.2　凤凰传媒盈利模式的变迁

凤凰传媒的盈利模式变迁大致有三种形式（见图5-3）：

第一阶段：传统出版业。

凤凰传媒以传统的出版、发行为主营业务。在凤凰传媒上市之前，凤凰传媒的业务集中于传统出版产业链上，即2011年年度报表中所显示的"编—印—发"三个环节的状况。

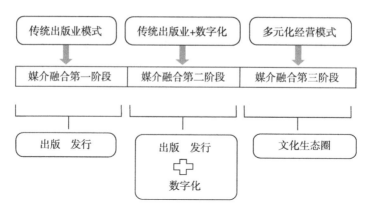

图5-3　凤凰传媒盈利模式变迁

表5-1　2011年凤凰传媒主营业务

单位：元

分产品	教材	图书	音像制品	文化用品及其他
出版业务	889139152.28	1423132126.82	102226557.44	
发行业务	1202628500.57	3065708400.34	49890082.21	656016244.56

从表5-1中可以看出，凤凰传媒以教材、图书和音像制品等产品为主，并无其他营利业务。产业链单一，没有开展其他领域新业务。

第二阶段：传统出版业+数字化模式。

随着媒介融合时代的到来，凤凰传媒意识到传媒产业尤其是出版企业必须升级转型。由于技术进步，人们对于阅读的品质要求有所提高，使人们阅读的方式发生转变，数字出版成为人们当前所需。凤凰传媒作为全国出版企业的领先者，意识到这一重要的变化。公司在2008年开始涉足数字出版领域，将数字化战略作为第一战略，积极完成技术转型，打造全新的数字化凤凰传媒，努力成为以数字化引领、多媒体经营为特征的新型出版传媒企业。公司实现印前全部数字化，并大力发展数字印刷，成功找到了公司数字出版的盈利点，实现了传统与数字出版的共同发展，成为业内的成功典型。然而，凤凰传媒并没有摆脱单一的盈利模式，对自身的数字产品缺乏明确的产品定位，只是沿袭传统出版内容和出版策略，或者是将现有内容资源的数字化加工。

第三阶段：多元化经营模式。

进入第三阶段凤凰传媒继续围绕数字化这一核心战略，积极布局数字产业和新兴媒体，加大传统媒体和新兴媒体融合力度。凤凰传媒在发展中逐渐意识到自身的不足，在"传统出版加数字化"模式的基础上，开始多元化经营。首先，在巩固传统"编—印—发"产业链业务的基础上，凤凰传媒进一步向下游产业拓展，涉足影视、物流、游戏等新业态领域。在产业链做长的基础上，凤凰传媒开始建设属于自己的产业生态圈即构建以书业为核心产业链的文化产业生态圈，通过书的出版构建一个生态互动的关系。在不断发展过程中，凤凰传媒拥有长远的目光，同时将这些大胆的想法付诸实践，不断突破原有盈利模式，使凤凰传媒在其他领域有突出的进步，同时也获得了可观的利润。公司的运营模式进一步清晰，业态定位更加精准，战略合作伙伴的规模和质量明显提升。

在这三个阶段中，凤凰传媒都选择当时最适合自己的盈利模式，为企业获得相较其他同类企业更高的利润。随着技术进步、媒介融合时代的到来，凤凰传媒高瞻远瞩，从第二阶段开始涉及数字出版，打造全新的数字化凤凰传媒。在所有企业都在为数字化出版奋力投入，而且现在有多个项目已经见到了成效时，凤凰传媒开始第三阶段的多元化经营，开始向出版发行以外的领域拓展，形成第三阶段的多元化经营模式。具体见表5-2。

表5-2　凤凰传媒主营业务收入变化情况

年份	2012	2013	2014	2015	2016
1.出版业务	29.20%	30.90%	27.05%	29.59%	29.21%

续表

年份	2012	2013	2014	2015	2016
2.发行业务	69.73%	67.31%	64.76%	58.95%	59.92%
3.印务业务	0.00%	0.00%	2.94%	2.85%	2.73%
4.游戏业务	0.00%	0.00%	1.50%	0.93%	0.76%
5.影视业务	0.00%	0.00%	0.59%	1.81%	2.07%
6.软件业务	0.00%	0.00%	0.89%	1.11%	0.86%
7.数据业务	0.00%	0.00%	1.15%	1.63%	1.67%
8.其他业务	0.91%	1.79%	1.13%	3.13%	2.77%

　　多元化经营的盈利模式是指企业并没有只从事一个行业或生产一种产品，而是跨行业生产经营多种多样的产品或业务，扩大企业的生产经营范围和市场范围。凤凰传媒作为国有传统出版龙头企业，在品牌影响、规模实力、运营机制、内容资源、发行渠道、人才优势等方面具备明显优势。对于凤凰传媒而言，其初期所获利润主要与其主营的教辅、教材出版发行、一般图书出版发行业务密切相关。而在当下出版传媒行业几乎饱和的大环境下，凤凰传媒须不断调整运营模式，保持市场占有率、维持可观的获利水平。

　　与新媒体融合创新日益成为当下传统媒体产业发展的一种战略思想。新媒体和传统媒体在竞争中相互促进，共同发展，媒介融合应运而生。凤凰传媒本属于传统出版行业，但是由于时代的变迁，传统业务已经不能为企业带来丰厚利润，凤凰传媒不得不随着时代潮流而进行变革，将传统出版业务与数字新媒体有机融合，增加新业态业务，在变革中形成自己的多元化盈利模式。面对社会化媒体阅读环境下读者新的阅读习惯，为适应大众阅读需求，迎合读者的碎片化、浅层化的阅读习惯，凤凰传媒在有声阅读、电子书报刊、移动阅读、视频点播方面持续投入并有所发展。

在媒介融合背景下，互联网的迅速普及使文字作品的版权受到威胁。在西方已形成了出版社、作家、影视公司三方之间的完整产业链，而中国目前由于优秀作品稀缺和市场需求巨大使版权之争成为主要矛盾。不论是文学、影视还是游戏领域，知识产权的价值都在于它的原创性，通过互联网技术，建设全媒体平台，搭建从作者到出版社再到影视公司的完整产业链，是真正实现知识产权价值的可行设想。2013年12月，凤凰传媒开始涉足影视行业，2013年12月凤凰传奇影业成功注入凤凰传媒。凤凰传媒在影视行业发展势头强劲，多部作品好评如潮，收视率、票房纷纷名列前茅。凤凰传媒的众多影视作品版权几乎都来自自家出版的图书中，如成为"江苏产出票房最高的电影"的《左耳》，早在2006年凤凰传媒就已经出版了同名小说，而后译林社与著名作家饶雪漫合作成立"译林影视文化传媒公司"，并对饶雪漫同名小说进行电影制作。由此凤凰传媒形成纵向产业链延伸，形成出版社、作家、影视公司完整链条。

同时，凤凰传媒借助网络等新媒体开拓新的发展空间，整合多媒体资源，形成覆盖互联网、移动互联网等各类新型传播平台的数字出版产品体系。凤凰传媒一向以教育产品为突出优势。由于历史原因，公司对于教育产业有相对较高的认知度，也有一些相关的教育资源。在科技不断发展的情况下，凤凰传媒不断发展下游产业——通过围绕数字内容、网络平台、软件技术、数据管理等几个重点板块积极布局智慧教育业务，全力打造体系较为完整、结构较为合理的智慧教育产业链。2016年，公司与江苏省教育厅建立战略合作关系，进行在教学资源、应用服务体系、大数据服务、装备服务等多方面的合作，在共同推动江苏省教育信息化中取得了丰硕的成果，学科网成为国内最为丰富的基础教育资源网站，厦门创壹是国内职业教育数字化领域最具实力的领军企业。凤凰传媒营运模式见图5-4。

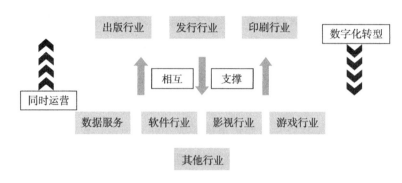

图5-4 凤凰传媒营运模式图

凤凰传媒在智慧教育、影视、职业教育、云计算、大数据、游戏、娱乐等产业所进行的积极拓展，形成了目前新旧媒体有效融合、新老业务相辅相成的产业布局。公司竭力促成编印发一体化的产业链和多媒体、多业态的文化产业生态圈，各板块之间资源共享，业务协同，有效降低成本，提高整体效率，做到内容、渠道、技术、物业等优质资源价值最大化。这种经营模式就像杠杆一样撬动了凤凰传媒整个营销体系，不仅为所有者、合作商、消费者带来便利，也为凤凰传媒带来了巨大的经济利益及发展潜力。

5.2 凤凰传媒盈利模式的财务评价

5.2.1 凤凰传媒盈利模式变迁中盈利绩效变动分析

从表5-3和图5-5中可以看出，凤凰传媒营业收入2012—2014年变化幅度相对明显，可能由于2012年刚开始向数字化转型，在2014年得到明显回报。在2015—2016年营业收入增长率幅度相对较小。公司在2014年开始开展更多新领域业务，投入的资本更多，使得营业收入相对较少。同时，由于其他出版企业开始逐渐转型升级，凤凰传媒的营业收入受到威胁。总体来看，凤凰传媒营业收入一直保持增长状态，有着很好的发展趋势。

表5-3　营业收入状况

年份	2012	2013	2014	2015	2016
营业收入（元）	6930363207.12	8033049349.15	9038761069.40	10085432401.04	11104520025.03
增长率（%）	1.1127	1.140568819	1.257543943	1.04445769	1.049839115

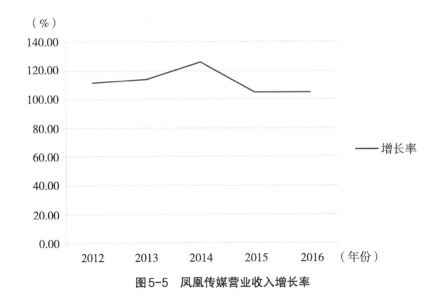

图5-5　凤凰传媒营业收入增长率

表5-4　营业利润

年份	2012	2013	2014	2015	2016
营业利润（元）	730030152.43	850668225.79	1004145088.89	972932283.42	1044980966.30
增长率（%）	23.36	16.53	18.04	-3.11	7.41

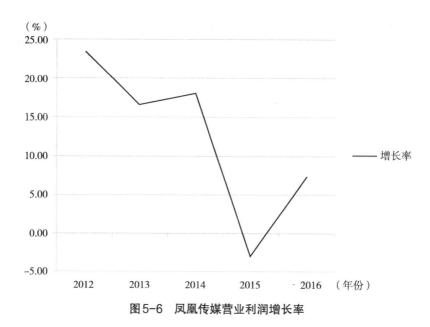

图 5-6　凤凰传媒营业利润增长率

从表 5-4 和图 5-5 中，我们可知凤凰传媒营业利润基本呈持续增长的状态，但其增长率增幅变化相对较大，2012 年后的 2013 年和 2014 年基本增幅较为明显，2014 年为凤凰传媒转型点，使 2015 年凤凰传媒营业利润有所下降。然而，转型效果在 2016 年有所体现，使 2016 年营业利润增长率有明显增加。

5.2.2　凤凰传媒盈利模式变迁中盈利能力变动分析

表 5-5　凤凰传媒盈利能力指标

年份	2012	2013	2014	2015	2016
销售净利润（%）	13.96	12.42	12.98	11.69	11.65
销售毛利润（%）	38.25	31.08	36.75	37.99	38.70
总资产报酬率（%）	5.01	5.40	7.86	8.31	9.43

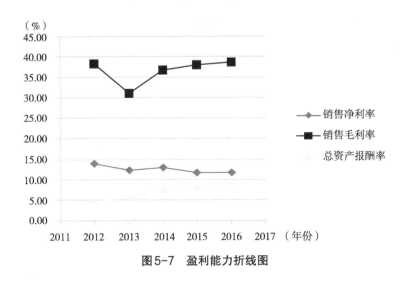

图5-7　盈利能力折线图

从表5-5及图5-7可知，凤凰传媒的销售毛利率基本保持平稳，有上升的趋势。销售净利率有所下降，由于公司正在处于业务扩大上升阶段，销售利率有所下降是正常现象。公司总资产报酬率有较为明显上升，说明公司已经处于比较平稳的发展阶段。

5.2.3　凤凰传媒盈利模式变迁中发展能力变动分析

衡量一个企业发展能力要从销售增长率、资产增长率和资本积累率等指标来观察。

一是销售增长率。根据凤凰传媒从2012年至2016年利润表中的数据，可以看到凤凰传媒的营业收入从2012年的约670580万元增长到2016年的约1054650万元，也就是说凤凰传媒的销售收入从2012年到2016年，短短的几年间几乎翻了两番，虽然增长率稍有下降趋势，由于社会不断发展变化，国内出版业正在处于不断转型阶段，所以发展有些受到阻碍，不过总体来说根据这个衡量指标，凤凰传媒的发展能力较好。

表5-6   凤凰传媒发展能力指标

年份	2012	2013	2014	2015	2016
营业收入（元）	6705802282.75	7648428987.17	9618235543.54	10045840076.86	10546505808.61
增长率	（基数）	114%	126%	104%	105%

二是资产增长率。从表5-7中可知，凤凰传媒的资产总额2012年—2016年之间，一直呈上升趋势，到2014年增长幅度有下降趋势。可能由于国内出版企业纷纷转型，使凤凰传媒这个先行者的发展速度有所下降。不过总体来看凤凰传媒的发展趋势较好。

表5-7   凤凰传媒发展能力指标

年份	2012	2013	2014	2015	2016
资产期末（元）	13280904081.55	14496664873.69	16863848091.54	17914451150.85	19318147329.52
增长率	（基数）	109%	116%	106%	108%

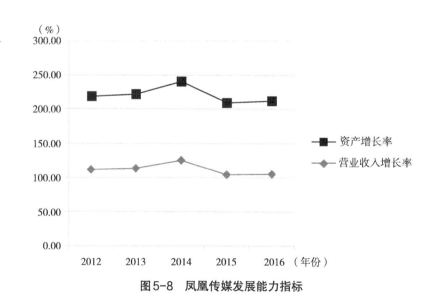

图5-8   凤凰传媒发展能力指标

5.2.4　凤凰传媒盈利模式变迁中营运能力变动分析

从表5-8和图5-9中可知，凤凰传媒的应收账款周转率在这些年是在逐年下降的。其他指标如总资产周转率、存货周转率、固定资产周转率基本保持平稳，说明企业经营管理水平有较好的保持。综上所述，凤凰传媒的营运能力在这几年中基本保持平稳趋势。

表5-8　凤凰传媒营运能力指标

指标	2012	2013	2014	2015	2016
应收账款周转率（%）	27.77	26.16	19.79	13.37	12.76
存货周转率（%）	2.65	2.78	2.85	2.69	2.86
总资产周转率（%）	7.30	6.84	7.96	6.75	6.60
固定资产周转率（%）	3.21	2.88	3.34	3.15	2.97

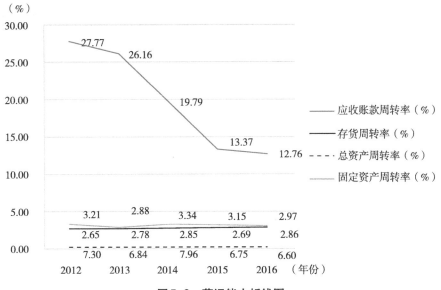

图5-9　营运能力折线图

5.2.5 凤凰传媒盈利模式变迁中财务比率综合变动分析

表5-9 凤凰传媒营业收入占比

年份	2012	2013	2014	2015	2016
1.出版业务	29.20%	30.90%	27.05%	29.59%	29.21%
2.发行业务	69.73%	67.31%	64.76%	58.95%	59.92%
3.印务业务	0.00%	0.00%	2.94%	2.85%	2.73%
4.游戏业务	0.00%	0.00%	1.50%	0.93%	0.76%
5.影视业务	0.00%	0.00%	0.59%	1.81%	2.07%
6.软件业务	0.00%	0.00%	0.89%	1.11%	0.86%
7.数据业务	0.00%	0.00%	1.15%	1.63%	1.67%
8.其他业务	0.91%	1.79%	1.13%	3.13%	2.77%

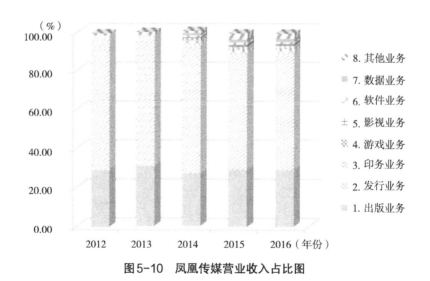

图5-10 凤凰传媒营业收入占比图

从表5-9和图5-10中可以看出,凤凰传媒2012—2016年都以出版发行为主要业务,但是比例呈逐年下降趋势,2012年和2013年涉及业务领域较少,以出版发行为主。2014年以后,凤凰传媒虽然仍以出版发行为主,但是涉及的领域增多，尤其是影视业务和数据业务不断增长。这说明2014年凤凰传媒转型较为明显，且转型领域有了较大的发展。

综合以上分析，凤凰传媒的财务状况较好，其长久发展潜力可观。由于企业不断转型、开展新领域业务，有些数据呈下降趋势，不过凤凰传媒发展潜力大，新开展的业务也能成为新的盈利点。在其他出版企业也纷纷转型开拓的时期，凤凰传媒的未来竞争压力较大。

5.3　出版行业上市公司盈利模式比较

凤凰传媒和出版传媒均为传统型出版企业，均以出版、发行为主要业务。随着时代的发展和技术进步，凤凰传媒紧在媒介融合背景下，积极开始转型，对自身原有产业不断优化升级，并开拓新业态业务，形成新的多元化盈利模式。

与凤凰传媒相比，出版传媒相对谨慎，并没有急于打破原有盈利模式格局，而是缓慢发展和开拓新领域业务。从2016年年报中可以看出，出版传媒也开始转型，拓展新领域新业务。

5.3.1　主营业务状况比较分析

表5-10　2016年凤凰传媒与出版传媒主营业务状况对照

凤凰传媒			出版传媒		
分行业	营业收入（元）	所占比重（%）	分行业	营业收入（元）	所占比重（%）
1.出版业务	3547233604.05	29.21	出版业务	478605549.22	25.01
2.发行业务	7275482267.01	59.92	发行业务	849345983.22	44.39
3.印务业务	331586486.22	2.73	印刷业务	196056218.98	10.25
4.游戏业务	92832451.68	0.76	印刷物资销售业务	389467637.12	20.35
5.影视业务	251340131.55	2.07	主营业务合计	1913475388.54	100.00

续表

凤凰传媒			出版传媒		
分行业	营业收入（元）	所占比重（%）	分行业	营业收入（元）	所占比重（%）
6.软件业务	104460353.22	0.86			
7.数据业务	203172140.63	1.67			
8.其他业务	335782616.03	2.77			
主营业务总收入	12141890050.39	100.00			

　　凤凰传媒和出版传媒在业务转型升级后，两家公司的盈利模式发生了变化，因此企业的主营业务状况也随之发生了变化，传统的业务包括出版业务、发行业务、印刷业务。凤凰传媒和出版传媒作为传统的图书出版企业，其经营收入也由传统业务收入和新业态业务两部分组成。由表5-10可以看出，凤凰传媒和出版传媒均以原有传统业务为主业。凤凰传媒升级转型后拓展的新领域业务较多且范围较广，新业态业务远多于出版传媒，无论是原有业务还是新业态业务收入都高于出版传媒。

5.3.2　财务状况比较分析

表5-11　2016年凤凰传媒与出版传媒财务对照

单位：元

凤凰传媒					
年份	2012	2013	2014	2015	2016
营业总收入	6705802282.75	7648428987.17	9618235543.54	10045840076.86	10546505808.61
营业总成本	6049789625.90	6911749530.17	8722952724.10	9154545110.57	9595225001.38
营业利润	730030152.43	850668225.79	1004145088.89	972932283.42	1044980966.30
利润总额	935943095.35	1141868884.86	1549441077.75	1805800740.71	1933096842.79
净利润	932082695.96	964203950.45	1233239797.76	1154198745.71	1209192310.19

续表

	出版传媒				
年份	2012	2013	2014	2015	2016
营业总收入	1268057997.70	1328102026.97	1496265196.90	1558515588.58	1639254894.38
营业总成本	1272161785.92	1317569766.59	1488476679.10	1567398438.41	1644362372.73
营业利润	4837767.76	16691548.40	31513803.99	54977189.20	28024125.45
利润总额	68357671.99	69884815.26	74708271.21	24435495.94	127083631.78
净利润	68128911.99	70426552.18	75336257.13	78074856.85	123021958.94

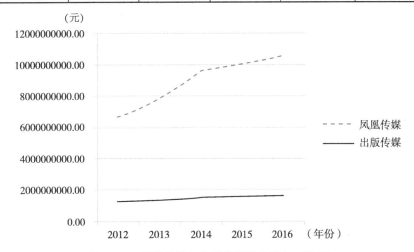

图5-11　凤凰传媒与出版传媒营业收入对比图

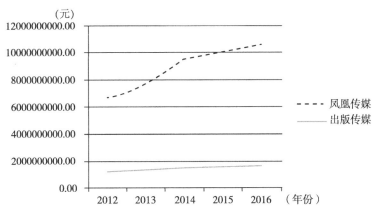

图5-12　凤凰传媒与出版传媒净利润对比图

从表5-11及图5-11、图5-12中可以看出，凤凰传媒和出版传媒的营业收入和净利润均呈上升趋势，而相对出版传媒来说凤凰传媒上升趋势较快，而出版传媒则相对平稳。

总体来说，凤凰传媒所选择的盈利模式可以在时代不断变化中给企业带来利润。但是从图中可以看出凤凰传媒的营业总收入和净利润都相对不平稳，波动较大，而出版传媒的则相对稳健。原因之一可能在于凤凰传媒不断转型，开拓新领域的投入较多，而当期回报不足。

5.4　启示与借鉴

1.准确的市场分析和行业定位

在媒介融合不断深化的背景下，凤凰传媒对市场分析和行业定位有准确且敏锐的眼光。凤凰传媒根据市场和行业的变化在出版行业抢占优势地位。同时，凤凰传媒在正确把握发展方向的基础上，制定了合理的发展规划并推出与之紧密配合的盈利模式。在以传统业务为基础的多元化的盈利模式下，公司的产品得以大范围推广，为其成为行业佼佼者打下了坚实基础。

2.全面转型布局

随着媒介融合时代的到来，凤凰传媒不断转型优化，业务范围不断拓展，盈利能力不断提升。凤凰传媒近年来积极践行新老媒体融合战略，通过传统的业务转型升级布局云计算、影视剧、文化消费综合体、数字印刷、培训、游戏等相关新兴产业，打造的文化产业生态圈已初具雏形。影视板块已步入良性发展轨道，电视剧业务传统优势继续巩固，不断推出市场口碑俱佳的作品；文化消费综合体逐步落地，运营模式进一步清晰，业态定位更加精准，战略合作伙伴的规模和质量明显提升。

第二篇

媒体融合环境下我国报业

上市公司经营发展及战略转型研究

第6章 新媒介格局下报业上市公司的战略定位

6.1 战略调整的驱动因素及坚实基础

6.1.1 技术进步及媒体格局巨变

技术变革是企业战略转型的根本驱动因素之一。在传媒领域，随着互联网、大数据、移动互联网等技术的不断更迭及广泛推广，科技公司、新兴媒体携资本强势来袭，媒体格局发生了翻天覆地的变化，分众化、差异化、互动化的传播趋势渐成，传统平面媒体遭遇到前所未有的困难和挑战。根据央视市场研究（CTR）媒介智讯的数据，2010—2015年，传统广告刊例花费同比增幅震荡下行（见图6-1），2015年创出−7.2%的历史新低。传统媒体的经营压力可见一斑。

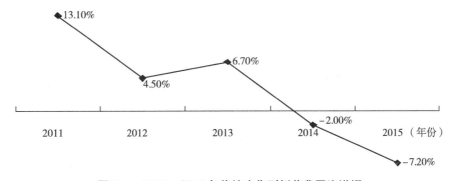

图6-1 2010—2015年传统广告刊例花费同比增幅

（数据来源：CTR媒介智讯）

6.1.2　绩效压力

企业内部的绩效压力往往也是其战略调整的重要驱动因素。在媒介变局过程中，传统媒体的主营业务收入急剧下滑，其转型发展成为必然选择。以浙报传媒和博瑞传播为例，受市场化商业广告急剧下滑、新媒体产品仍处于投入探索期等因素影响，2015年，浙报传媒虽然市场份额继续保持领先地位，但其广告收入较去年同比下降14.9%。其新闻传媒业务营业收入及毛利率均收获负增长。博瑞传播的新闻传媒业务收获的是更大的跌幅（见表6-1）。

表6-1　浙报传媒、博瑞传播新闻传媒业务经营情况

公司	营业收入			营业成本			毛利率		
	去年（万元）	本期（万元）	增长率（%）	去年（万元）	本期（万元）	增长率（%）	去年（万元）	本期（万元）	增长率（%）
浙报传媒	144384.86	133408.50	-7.60	91025.90	87350.84	-4.04	36.96	34.52	-2.43
博瑞传播	86868.00	60802.10	-30.01	60834.64	47266.95	-22.30	29.97	22.26	-7.71

（数据来源：浙报传媒集团股份有限公司、成都博瑞传播股份有限公司2015年年度报告）

6.1.3　宏观环境及政策支撑

2010年以来，我国经济增速持续放缓，目前正处于经济结构调整和供给侧改革的关键节点。虽然我国经济增长持续放缓，但同期我国文化产业实现了快速增长。文化产业在我国经济增速放缓的宏观背景下被寄予厚望，成为国家产业结构升级调整的重要支点和国民经济增长的重要引擎。作为文化产业重要组成部分的传媒业进入改革与调整的战略机遇期。

近年来，政府先后出台了一系列促进文化产业发展的政策，见表6-2。

表6-2 近年传媒改革发展重要指导政策

序号	时间	政策及要点
1	2010年 10月	中央审议通过《中共中央关于制定国民经济和社会发展第十二个五年规划的建议》
2	2011年 10月	《中共中央关于深化文化体制改革推动社会主义文化大 发展大繁荣若干重大问题的决定》正式发布，提出"研究部署深化文化体制改革、推动社会 主义文化大发展大繁荣，进一步兴起社会主义文化建设新高潮，推动文化产业成为国民经济支柱性产业"
3	2014年 8月	中央审议通过《关于推动传统媒体和新兴媒体融合发展的指导意见》，提出"要遵循新闻传播规律和新兴媒体发展规律，强化互联网思维，坚持传统媒体 和新兴媒体优势互补、一体发展，坚持先进技术为支撑、内容建设为根本，推动传统媒体和新兴媒体在内容、渠道、平台、经营、管理等方面的深度融合，着力打造一批形态多样、手段先进、具有竞争力的新型主流媒体，建成几家拥有强大实力和传播力、公信力、影响力的新型媒体集团，形成立体多样、融合发展的现代传播体系"
4	2015年 7月	新华社授权发布《国务院关于积极推进"互联网＋"行动的指导意见》国发〔2015〕40号，对于加快推动互联网与各领域深入融合和创新发展，充分发挥"互联网＋"对稳增长、促改革、调结构、惠民生、防风险的重要作用，积极推进"互联网＋"行动提出指导意见
5	2015年 11月	新华社授权发布《中共中央关于制定国民经济和社会发展第十三个五年规划的建议》，提出文化产业要成为国民经济支柱性产业，加快文化改革发展，推动传统媒体和新兴媒体融合发展，加快媒体数字化建设。国家层面文化产业扶持政策陆续出台，为公司的发展提供了强有力的政策支持和更为广阔的成长空间

关于传媒业的改革，国家的政策支持持续加大，方向与要求明确，在与新媒体的融合中，成为拥有强大实力和传播力、公信力、影响力的新型媒体集团是报业传媒上市公司的必然选择。

6.1.4 资源基础

理论界有学者认为资源的缓冲作用确实容易造成企业战略转型的惰性，但是一旦企业决定转型，充足资源则会成为企业战略转型的动力。（郭勇峰，2013）传媒企业在改革与发展中长期积累形成的资源与能力在一定程度上决定了其未来的发展路径，同时，也为其未来的战略实施提供了坚实的基础。

A股上市的报业公司均具有以下独特资源与能力：（1）深谙媒体运行规律，具有丰富的传统媒体运作经验，能够生产优秀的内容产品；（2）具有成熟的发行配送网络系统；（3）具有数目庞大的用户群；（4）品牌公信力卓越。

6.2 六家上市公司的战略定位

上述驱动因素及报业传媒的现实基础在某种程度上决定了报业企业的发展路径。报业上市公司的发展战略及盈利模式的调整成为必然。表6-3是媒介融合的现实条件下6家A股上市传媒公司目前的战略定位情况。

表6-3 报业上市公司战略定位

序号	上市公司名称	战略定位
1	博瑞传播	以移动互联为核心，以数字娱乐集群和产业金融为两翼的创新型传媒集团
2	华媒控股	以现代传媒集群为核心平台的城市生活服务商
3	华闻传媒	互联网平台型传媒集团
4	新华传媒	多元化的现代传媒企业集团
5	粤传媒	多元化的现代传媒企业集团
6	浙报传媒	互联网枢纽型传媒集团

（资料来源：根据2014、2015上市公司年报资料整理形成）

其战略表述具体为：

1.博瑞传播：

公司发展战略——

公司将紧扣传媒行业发展趋势，着力构建"传媒+金融"的产业格局，重点打造数字娱乐和产业金融两大核心业务板块，并加快推进现有部分业务的升级再造，形成传媒产业和金融产业协同发展、融合发展的创新发展格局。

数字娱乐集群方面，以公司现有的游戏业务为基础，以IP为核心，以影游联动为手段，打造集游戏研发、运营、演艺、动漫、影视、虚拟现实等数字娱乐产业集群；产业金融方面，以公司现有的小贷业务为基础，打造包括小额贷款、融资担保、融资租赁、资产管理、互联网金融、产业投资基金等产业金融体系；传统产业转型升级方面，以"互联网+"为手段，创新业务运营模式，推动公司广告、发行投递、教育等产业转型升级。

战略支撑——

（1）以IP为核心，以研运为一体，以海外运营为突破口，构建全国领先的数字娱乐集群。

（2）以"金控"为方向，完善产业金融体系，形成传媒与金融良性互动产业发展格局。

（3）以"互联网+"为手段，创新业务运营模式，推动现有产业创新升级。

2.华媒控股："以现代传媒集群为核心平台的城市生活服务商"

公司明晰"以现代传媒集群为核心平台的城市生活服务商"定位，依托杭报集团，从事平面媒体、互联网站和移动互联网终端的广告承揽、策划和发布；新媒体运维和代建代维；移动互联网视频信息服务；会展、活动的策划和举办、户外媒体和地铁媒体的发布和运维；报刊发行和快递物流；报刊印刷和包装印刷等业务；同时加快投资并购步伐，通过资本市场完善在传媒相关产业链节点布局。

3.华闻传媒

公司战略蓝图为：以多个领先的垂直领域业务为基础，以多屏互动为手段，以垂直化、社区化、数字化、国际化为方向，将华闻传媒打造成"互联网平台型传媒集团"，为用户提供综合生活服务，为客户提供全案营销服务。确立"全媒体、大文化"的战略定位，坚持"持续发展优势主业、大力拓展新型媒体"的总体思路。

公司战略目标是：到2017年公司新型传媒业务布局不断推进，都市报业与财经报业转型基本完成，业务结构持续优化，影响中长期发展的重大并购实现质的突破，新型媒体业务收入与利润贡献占比显著提升，各项业务始终处于行业领先地位，建成国内一流、世界知名、持续创新、面向全球、垂直多元的"现代、新型、综合、国际"传媒集团。

发展战略上，公司坚定遵循媒介发展的客观规律，紧密结合媒介融合的网络化、移动化趋势，积极探索、前瞻布局现代文化传媒产业体系，依靠"内部资源整合"与"外部孵化并购"两条途径，打造重点媒体和业务品牌，提升媒体市场价值开发能力，强化现有优势业务，培育重点规划业务，有效解决影响公司中长期发展的深层问题，不断增强公司的核心竞争力，持续提升公司的行业地位，努力将公司打造成"现代、新型、综合、国际"的传媒集团，实现公司发展新跨越。

4.新华传媒

公司定位于多元化的现代传媒企业集团，依托深化文化体制改革的发展契机，顺应文化传媒行业发展的潮流，以传媒服务、文化空间、新媒体平台为三大转型方向，加快打造商业运作能力、资源整合能力、品牌塑造能力和项目管理能力等四大核心竞争力，努力实现从单纯的传统发行、纸媒经营向具有新型互联网媒体特质的文化传媒公司转型。

5.粤传媒

公司坚持"以价值创新为引领，以传媒内容为核心，以整合资源为抓手，以转型升级为平台"的工作思路。公司按照"资源整合、媒体融合、转型升级"三位一体的发展战略，坚持"以价值创新为引领，以传媒内容为核心，以整合资源为抓手，以转型升级为平台"的工作思路，稳步推进，加快媒体转型、融合的步伐；打造产业融合生态圈，以粤传媒"文创汇"为基础，推动媒体与多种业态融合；积极推进广告、印刷、销售物流、系列报刊、新媒体及电子商务等板块的资源业务整合，建成一个共生、互生、再生的新型综合传媒集团。

6.浙报传媒

公司将进一步围绕公司转型"互联网枢纽型传媒集团"的战略目标，按照"争先、聚焦、突破"的总体思路，坚定"新闻+服务"的商业模式创新，不断 深化融合发展，完善以新闻资讯为核心的综合文化服务体系，在为公司继续保持国内第一阵营新型媒体集团地位提供支撑的同时，向中国资本市场最优秀的传媒上市公司的目标奋进。

围绕用户为核心，公司持续"新闻+服务"的商业模式创新，进一步推进新闻传媒、数字娱乐、智慧服务和文化产业投资"3+1"大传媒产业平台建设，通过多业务发展的经营模式，强化公司盈利能力和抗风险能力。

第7章 报业上市公司经营发展及战略转型情况

在压力与机遇共存的这个关键的时间节点上，报业传媒企业充分运用其在内容产品生产及资源汇聚方面的独特优势，与新兴媒体融合发展，并拓展出新的业务领域。

7.1 传统业务及转型升级概况

从2015年6家报业上市公司年报数据来看，其报刊发行、广告业务、印刷相关业务等传统传媒业务收入除浙报传媒外，在营业收入中仍占绝对多数比例，是其生存和发展的根基所在（见表7-1）。各家上市公司正视因信息技术革命而带来的变革压力，根据其战略发展目标及定位，在传媒业务发展方面进行了各种尝试和努力。

表7-1　2015年报业上市公司传统主营业务及占营业收入比重

公司	报刊发行	广告业务	印刷相关业务	图书、音像制品	文教用品	燃气生产和供应业	合计
博瑞传播	12.88%	24.12%	20.48%				57.48%
华媒控股	15.50%	53.59%	11.33%				80.42%
华闻传媒	69.38%					13.92%	83.30%
新华传媒	18.38%			61.54%	7.13%		87.05%
粤传媒	22.84%	49.37%	17.60%				89.81%
浙报传媒	10.18%	22.09%	2.47%				34.74%

（数据来源：根据2015上市公司年报数据整理形成）

7.2　努力减缓传统媒体收入的下滑，延续其辉煌

在信息技术革命浪潮中，传统传媒业务的总体下滑趋势似乎已不可逆转，多数报纸的广告和发行收入逐年递减。但是，传统传媒业务在报业企业上市公司中所占的比重大多非常重，以粤传媒为例，公司2015年传媒收入占营业收入的89.81%，2015年营业收入比2014年同比减少20.13%。其中，份额最重的广告业务和发行业务都有很大幅度的下降。见表7-2。但这些传统传媒业务的毛利率大多比较理想。例如传媒业务占比远低于粤传媒的浙报传媒，其报刊发行、广告、印刷业务的毛利率分别为27.75%、40.44%、26.71%，见表7-3。因此，仍应充分发挥报业企业在其内容产品生产及资源汇聚方面的独特优势，尽可能减缓其下滑速度，使其继续贡献现金流及利润，为与新媒体的充分融合、为公司战略布局的顺利展开以及新利润源的培育赢得时间。

表7-2　粤传媒传媒业务营业收入构成及变化情况

	2015年		2014年		同比增减（%）
	金额（元）	占营业收入比重（%）	金额（元）	占营业收入比重（%）	
营业收入合计	1292250265.62	100	1617923601.40	100	−20.13
分行业					
广告业务	637929103.75	49.37	946205258.38	58.48	−32.58
发行业务	295178599.45	22.84	333195855.32	20.59	−11.41
印刷业务	227393963.48	17.60	209227443.74	12.93	8.68

（资料来源：广东广州日报传媒股份有限公司2015年年度报告）

在逆境中，也有公司锐意进取，通过精心布局及积极开拓进取实现传统媒体业务收入的增长。例如，华闻传媒旗下的时报传媒顶住市场竞争压

力，使上市公司信息披露收入全面增长，常年信息披露整体合作率保持行业领先水平。2015年，时报传媒通过举办券商、信托、银行、保险、期货及私募等金融行业的品牌推广活动，拉动了商业广告业务的发展。时报传媒2015年的广告代理收入32289942.71元人民币，较2014年的广告代理收入25635583.41元增长25.96%。

表7-3　浙报传媒传媒业务收入构成及变化情况

主营业务分行业情况						
分行业	营业收入（元）	营业成本（元）	毛利率（%）	营业收入比上年增减（%）	营业成本比上年增减（%）	毛利率比上年增减（%）
报刊发行收入	351888000.43	254244217.82	27.75	-9.57	-21.91	增加11.41
广告及网络推广收入	763858138.52	454988839.96	40.44	-14.83	-1.54	减少8.04
印刷收入	85256224.67	62486284.64	26.71	49.37	50.50	减少0.55

（资料来源：浙报传媒集团股份有限公司2015年年度报告）

7.3　与新技术、新媒体融合，实现转型升级

信息技术的变革使得媒体格局发生了根本性的改变，随着分众化、差异化、互动化的传播趋势渐成，新兴媒体的影响力及市场份额迅速提升。从2015年各媒介广告花费同比变化对比（见图7-1），可以看到各媒体的表现分化严重，虽然报纸、杂志跌幅很深，但影院视频、互联网及商务楼宇广告则大幅上涨。传统媒体面临的是挑战也是前所未有的转型升级节点。

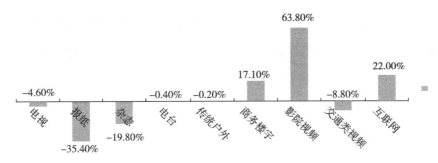

图7-1　2015年各媒介广告刊例花费同比变化

（数据来源：CTR媒介智讯）

　　积极融入互联网、移动互联网，依托于信息技术，实现与新兴媒体在内容、渠道、平台、经营、管理等方面的深度融合，打造新平台，提供新产品、新服务，是传统媒体在新形势下的必然选择，也符合习近平同志"着力打造一批形态多样、手段先进、具有竞争力的新型主流媒体，建成几家拥有强大实力和传播力、公信力、影响力的新型媒体集团，形成立体多样、融合发展的现代传播体系"的指示精神。

　　报业上市公司优秀的媒体素养和专业品质为其与新媒体的融合及跨越式发展提供了坚实的基础。而经济增速放缓、传统报业业绩下滑的双重驱动，使融合的进程进一步加快，报业企业旗下的新媒体产品依托于其传统媒体资源、雄厚的受众资源，卓有成效地进行了推广与开拓，融合绩效初现。

7.3.1　浙报传媒

　　浙报传媒以"建设互联网枢纽型传媒集团"为其战略目标，先行推进传统媒体和新兴媒体的融合发展，加强内部体制机制融合，开展内部孵化创新，走在了全国报业前列。公司目前负责运营《浙江日报》《钱江晚报》《浙商》杂志等传统主流媒体30余家，读者超过600万；旗下新兴媒体300多个，包括浙江在线新闻网站、"浙江新闻"客户端、浙江手机报、"浙江24小时"客户端、腾讯·大浙网等，打造了诸如浙江名医馆、西湖晓蛮腰、"升学宝"等各具特色的新闻资讯和服务类微信账号及客户端产品，以"新闻+服务"集聚用户，活跃用户达5000万。公司实际控制人浙报集团在中国社会科学院新媒体研究中心联合人民网舆情监测室发布的"2015传媒集团'两微一端'融合传播排行榜"上，位列全国"传媒集团融合传播排行榜"第三名，仅次于人民日报社、新华通讯社。

7.3.2　粤传媒

新媒体业务使粤传媒的广告业务转型升级，打造立体化综合营销平台。

公司以大洋网为新媒体发展的先锋，在新媒体区域资讯服务、报网互动融合方面已取得显著成果。新媒体业务涵盖门户网站——大洋网、多媒体数字报纸、手机报纸、广州日报3G门户、手机大洋网、数字电视报纸、移动阅读本及手机客户端软件等产品，上述产品共同组成了粤传媒的新媒体产品矩阵，公司媒体移动化、数字化发展规划已初见成效。

公司从报纸平面广告经营者转变为涵盖网络广告、户外广告、报刊平面广告等多种广告形式以至线上线下销售的全案服务的立体化综合营销平台运营商，力保广告收入全国纸媒第一的优势地位，发展新兴媒体业态，积极挖掘新的利润增长点。

公司充分利用旗下各平台资源，通过统筹优化、整合集中各自的优势资源，搭建全媒体营销平台。通过资源的优化配置，提升公司广告投放、线上线下活动营销的综合能力和整合营销传播能力，提升客户的营销宣传效果；并通过整合公司电商平台，提升营收能力和品牌影响力。

公司广告业务部门还将各种来源的数据进行汇集、梳理、融合，建设系统的营销数据库，并将其投入广告经营环节中。在销售中充分利用现时各行业已有的用户资源进行跨界活动，尝试利用互联网及大数据吸引和获取读者和用户。

互联网广告业务方面，粤传媒公司通过资本运作快速切入获取技术资源和营销平台。为契合多屏融合及大数据营销的业务需求，公司参股了悠易互通，并与其合资成立北京悠广通广告有限公司。悠易互通拥有国内领先的需求方平台DSP和数据银行Data Bank，是国内互联网广告行业跨屏程序化购买的引领者；与悠易互通合资成立悠广通，开创了国内传统平面媒体与数字媒体的合作的先河，是公司建立现代化传播体系、推进媒体经营融合的重要战略举措。公司发起设立的德粤基金投资了北京影谱互动传媒科技有限公司，影谱科技拥有实时视频植入广告投放平台和实时新媒体互动视频推广平台，通过投资影谱科技，公司进入国内视频原生广告业务领域。未来，公司将深度挖掘传统和互联网互补价值，推进技术、资源和营销渠道的有效整合。

7.3.3　华媒控股

适应媒体市场的重大变化，华媒控股公司业务加快了从以平面为主向平面与新媒体结合和平面媒体新媒体化的转换。公司在经营中全面推行整合营销和"互联网+"，取得了较好的效果。在公司运营涉及的主要领域，平面媒体继续维持在区域范围内的领先优势；新媒体发展有重大进展；微信系列公众号构成的微信矩阵，在阅读量和影响力排名等方面，居于省内甚至国内领先地位；移动视频信息的经营收入稳步提高。

适应移动互联网时代，作为公司经营依托的平面媒体订阅户约100万户，各类新媒体产品包括手机APP、微信公众号、移动视频产品、官方微博号和互联网社区等，共有用户数（含APP活跃用户、微信订阅数、微博粉丝数、社区注册用户、移动视频订阅户等）10299.3万，较好地承接了平面媒体受众的转移，为报业集团媒体公信力和公司经营的市场影响力打下了扎实的用户基础。

整合内部资源，公司各媒体按照"传播现代化"的思路扎实推进微信、微博等新媒体运营，现代传媒集群不断发展壮大，新媒体总用户数已超1亿。与杭州泰一指尚合作成立杭州华泰一媒传媒文化有限公司，专注于媒体孵化平台的打造，大数据营销和互联网广告；增资上海合印，积极涉足基于云印刷的大数据服务项目。公司还为品牌营销活动提供消费者大数据搜集与分析。

7.4　瞄准细分市场，实现精准化传播

传媒市场的细分化趋势已很明确，根据自身的资源优势明确定位，确定自己的突破口是一些受众划分明确的报业企业的现实选择。

如粤传媒通过细分市场，明确定位，加快子报子刊业务转型升级。公司以"细分市场、找准定位"为指导理念，深度发掘业务潜力，围绕定位做好产品。2015年，公司之子公司地铁报公司推出"M+"品牌，涵盖地铁O2O体验店、地铁播音导向、乐活团及新媒体、地铁报四大业务板块，从传统纸媒单一模式升级为"免费+渠道+互动体验"的运营模式，搭建专注于地铁空间整体营销、传播服务的综合运营平台和互动服务平台。

7.5　开拓与创新——娱乐+服务

报业上市公司在不懈努力，通过与新技术、新媒体的融合延续其在传媒主业方面的影响力与市场地位外，基于既有资源与能力，不断进行开拓与创新。从目前6家上市公司的主营业务分布来看，它们大多秉承"娱乐+服务"的思路在进行转型与开拓，所涉及的领域主要可以归纳为泛娱乐业、物流与商品销售、大数据产业及其他行业。

7.5.1　泛娱乐——IP全产业链布局

泛娱乐是指由文学、动漫、影视、音乐、游戏、演出、衍生品等多元文化娱乐形态而组成的融合产业。由于拥有相近或互补的受众市场，细分领域之间的边界日渐模糊，以及IP成为产业上游的核心环节，多元文化娱乐形态由最初的独立发展，逐步过渡到产品联动、互相融合开发、共享全产业经济收益的阶段，此阶段的最大标志是"泛娱乐"成为文化娱乐公司，尤其是上市传媒公司寻求外延扩张和规模增长的重点方向。

泛娱乐产业的本质是内容产品在多元文化娱乐形态之间的迭代开发，可以降低前期风险，减少边际成本，扩大受众范围，提高投资回报率，从而实现产品的长尾价值，获得规模效应。通过内容产品连接、受众关联和市场共振，多元文化娱乐形态构成了泛娱乐市场的核心元素，从产业链角度来看，文学和动漫为泛娱乐产业链的培养和孵化层，影视和音乐为泛娱乐产业链的影响力放大、运营和辅助变现层，游戏、演出和衍生品为泛娱乐产业链的主要变现层，三大产业链层次和谐勾连，并不断优化升级。

泛娱乐产业开发模式，大致可以分为如下几种：

其一，1+N模式，例如《盗墓笔记》在网络文学基础之上，依次进行网络剧、电影、电视剧、舞台剧的开发。其二，N+N模式，如《十万个冷笑话》进行漫画连载时，系列动画和电影也逐步进行开发；《仙剑》根据系列游戏开展电视剧的系列开发；三七互娱根据10亿票房级别西游记微博系列电影：《西游记之孙悟空三打白骨精》，推出页游手游等作品。其三，同步开发模式，如《勇者大冒险》同步进行动漫、手游、端游、文学、漫画的开发。其四，战略资源互补模式，如三七互娱与芒果传媒、奥飞动漫和星皓影业达成资源共同体，三方在动漫、网游、手游、电影等互动娱乐领域开展全方面的深度合作。

报业上市公司在泛娱乐业的各领域多有涉及，有的公司在IP数字娱乐平台全产业链延伸，有的目前只在某一领域实现突破。从资源与能力的角度来看，报业上市公司在泛娱乐业的扩展既可以共享，又可以提升原有资源与能力，同时也可实现对于具有广阔市场前景、丰厚利润的新领域的探索与开拓，有利于其战略目标的实现。在泛娱乐业，报业上市公司目前涉足的领域有数字娱乐平台、优质文学IP资源、移动视频的制作与传播渠道、影视制作、电影发行平台、移动阅读平台、动漫产品与服务等。

1.数字娱乐之游戏业务

从表7-1中可以看到六家报业上市公司中，华媒控股、华闻传媒、新华传媒、粤传媒的营业收入主要来自于其传统传媒业务，依托其原有优势及转型升级中的潜在能力开拓发展，并逐步开始新领域的探索。博瑞传播及浙报传媒基于传统媒体的用户及其他资源而进行的业务延展与创新，在传媒领域之外的布局及发展表现较为突出，值得研究与借鉴。

根据易观智库的分析及统计，从2012年到2015年，中国网络游戏市场得到迅猛发展，市场规模从2012年的618.3亿元人民币迅速跃升到2015年的1361.8亿元人民币，见图7-2。

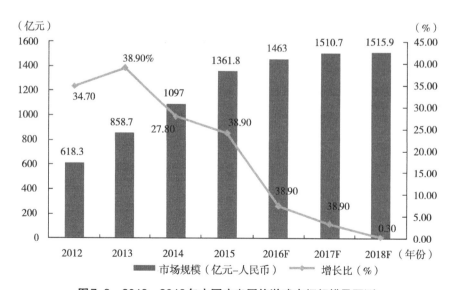

图7-2　2012—2018年中国广义网络游戏市场规模及预测

（资料来源：Analysys易观智库）

中国游戏市场因其规模的快速提升及理想的回报率吸引各路资本竞相角逐其中。在2015年游戏运营商十大品牌影响力排行中，互联网企业、计算机企业及其他科技创业企业以其先天的技术优势和先发优势跻身其中。对于以移动互联为核心，以数字娱乐集群为一个重点定位方向的博瑞传播以及定位于互联网枢纽型传媒集团的浙报传媒公司而言，游戏市场与其既有资源契合度较高，且市场潜力巨大，回报率远高于其传媒业务，因此浙报传媒公司通过非公开发行股份的方式募集收购资金，收购了盛大旗下的边锋与浩方两个游戏平台，博瑞传播通过收购成都梦工厂迅速涉足其中。

从表7-4和表7-5可以看到，在博瑞传播、浙报传媒2015年的营业收入中，游戏业务收入占比都已经很高，博瑞传播网游业务占比为26.83%，浙报传媒游戏方面的收入合计占比达到29.83%。

表7-4　2015年博瑞传播其他主营业务分行业分布情况

主营业务行业分布	网游业务	学校业务	租赁业务	小贷业务	合计
占营业收入比重（%）	26.83	7.46	3.48	5.14	42.91
毛利率（%）	66.37	45.74	95.23	100	—

（数据来源：成都博瑞传播股份有限公司2015年年度报告）

表7-5　2015年浙报传媒其他主营业务分行业分布情况

主营业务行业分布	无线增值服务	在线游戏运营	游戏衍生产品销售	游戏平台运营	信息服务	商品销售	合计
占营业收入比重（%）	2.37	26.36	1.10	0.95	5.11	19.07	54.96
毛利率（%）	15.19	86.73	31.39	49.04	23.68	2.18	—

（数据来源：浙报传媒集团股份有限公司2015年年度报告）

2.移动视频的制作与传播

华闻传媒与华媒控股均选择布局移动视频业务。华闻传媒视频信息服务收入 2015 年为 239064018.18 元，占营业收入 5.51%；2014 年收入 223938907.90 元，占营业收入 5.67%，收入同比增长 6.75%。华闻传媒下属子公司国视上海、掌视亿通、华闻智云、国广华屏各有分工，业务覆盖移动视频策划及制作、视频内容营销及推广、移动视频云网络搭建、移动视频云服务提供等，见表7-6。华媒控股则通过控股快点传播、合资成立华媒传播介入移动视频领域。

表7-6　华闻传媒从事移动视频相关公司情况

子公司	业务覆盖
国视上海	运营支撑类公司，向牌照方提供内容集成、包装策划、内容技术性筛选、内容二次制作、平台适配等一系列运营管理服务，协助并确保牌照方与电信运营商之间的手机音/视频业务顺利开展
掌视亿通	致力于运营商移动视频业务，拥有先进的移动视频压缩及编码技术、丰富的渠道资源和管理经验，通过与手机电视牌照方和众多推广渠道的合作，目前已成为国内领先的运营商视频内容的分销及技术服务提供商，同时也是国视上海大的运营商视频内容营销及推广伙伴
华闻智云	移动视频云网络搭建
国广华屏	利用多种传输通道、支持多种移动终端及覆盖多种用户场景的移动视频云服务全国性运营商

（资料来源：华闻传媒投资集团股份有限公司2015年年度报告）

华媒控股通过收购快点传播51%股权，借助杭州网的"多牌照"与快点传播的"多渠道"深度结合，快速介入移动互联网信息服务和娱乐业务，打通华媒控股进入移动视频领域的通道。华媒控股还与深圳泽创投资发展有限公司、舟山泽创投资合伙企业（有限合伙）合资成立华媒传播，专注移动新媒体信息传播，致力于成为中国传媒领域移动互联资讯产品与服务领先者。各二级公司全力布局视频业务，从PC端到移动端，为用户提供全方位的视频服务。其中都快控股所属"好奇实验室"用户数持续增加。公司还成立"看看浙江"，力争打造浙江第一视频生活门户。[73]

2015年华媒控股移动视频相关子公司的业绩表现见表7-7。

表7-7　2015年华媒控股移动视频相关子公司财务信息

子公司名称	营业收入（元）	净利润（元）	利润率（%）
快点文化传播（上海）有限公司	120855489.55	25868761.91	21.40
浙江华媒信息传播有限公司	157083.33	51002.72	32.47

（数据来源：浙江华媒控股股份有限公司2015年年度报告）

3.其他——优质文学IP资源、影视制作公司、电影发行平台、移动阅读平台、动漫产品与服务等

报业上市公司中，华媒控股、浙报传媒在上述其他业务中涉及的领域相对广泛。例如华媒控股通过收购北京精典博维35%股份，成为公司第一大股东，由此对接优质文学IP资源。浙报传媒由边锋平台、唐人影视、"爱阅读"、浙江在线魔方书城等项目共同组成的原创IP（知识产权）方阵已初具规模，为搭建数字娱乐平台完整产业链打下了坚实基础。华闻传媒则在动漫领域进行了拓展。

具体情况：[74]

（1）华媒控股。华媒控股通过收购北京精典博维35%股份，成为公司第一大股东，由此对接优质文学IP资源，开拓影视广告业务，补全公司在新媒体、影视广告、核心版权资源方面的短板，为视频板块打造内容后盾；增资杭州市文化产权交易所，成为第一大股东，依托杭报集团资源优势，建设综合性的文化产权要素流转平台，实现IP资源与金融资源的对接连通和共赢。

（2）浙报传媒。浙报传媒由边锋平台、唐人影视、"爱阅读"、浙江在线魔方书城等项目共同组成的原创IP（知识产权）方阵已初具规模。公司加大力度进军数字娱乐产业链中的渠道、移动阅读等领域，公司投资3000

万元入股了拥有国内目前唯一县域电影发行平台运营商红鲤鱼院线的北京怡海盛鼎广告有限公司，成功布局影视发行渠道环节。对国内排名前十的移动阅读平台爱阅读的收购工作顺利完成。上述举措为搭建数字娱乐平台完整产业链打下了坚实基础。

（3）华闻传媒。漫友文化持续推进产业拓张，稳妥推进落实各项重点工作；平面出版业务保持稳定，牢固占领国内动漫出版行业第一的地位；全年共推出动漫图书230余部，动漫期刊120余期，电商等渠道收入规模实现大幅增长，版权运营实现重大突破；动漫展会再创收入新高，2015年全年举办3场大型ACGN动漫展、8场中小型商场动漫主题展，承办第八届中国国际漫画节等活动；动漫公关服务口碑良好，实现内容转产品的商业化道路；互联网产品"刷刷APP"崭露头角，获得行业广泛关注；动漫餐饮经营广受好评。

7.5.2　物流+商品销售

在报业公司的传统业务中，报业传媒公司积累了两项独特的资源——用户与发行网络。基于这两种独特资源，博瑞传播、粤传媒、浙报传媒从传统传媒业务衍生出了物流配送及商品销售两项业务。

博瑞传播持续主动地进行由报刊发行业务向物流配送业务转型。积极搭建O2O配送平台，承接电商落地配送业务，主要服务客户有天猫、唯品会、京东、美团网等。粤传媒已建成包括投递网络、铺面网络、运输网络、信息网络在内的报纸发行和物流配送网络，并成为大型电商平台的区域配送承运商，并着力完善电商产业链。[75] "宅之便"与"广州日报报业商城"及"广州日报电商"微信平台共同构建的O2O运营模式，是公司向媒体电商化迈出的标志性步伐。浙报传媒以钱江晚报的资源优势、渠道优势和品牌优势为依托，通过垂直细分，着重发力内容电商、移动电商和本地生活O2O、健康直购、生鲜配送。

具体表现：

1.粤传媒——发行物流及电商业务

（1）完善的发行物流网络优势。公司拥有珠三角地区规模最大、效率最高、覆盖面最广的报业发行物流网络，自有约300辆配送车辆，近100个发行站，已建成包括投递网络、铺面网络、运输网络、信息网络在内的报纸发行和物流配送网络，并成为大型电商平台的区域配送承运商。2015年，公司的子公司广报经营公司荣获国家4A级物流企业资质，成为全国首家荣获国家4A级物流企业资质的报业发行单位。完善的发行物流网络，是公司向电商化迈进的坚实基础和巨大优势。

（2）利用发行物流网络优势，向电商物流加速迈进。在发行及其业务拓展方面，公司利用成熟的发行物流网络，在保证报纸发行稳定的基础上，加速向媒体电商化转型。在电商业务拓展方面，公司紧抓"线上往线下渗透、线下向末端延伸"的发展趋势，充分借助对本地用户的影响力和覆盖力优势，着力完善电商产业链。2015年，"宅之便"健康生活体验店全新开业，"宅之便"与"广州日报报业商城"及"广州日报电商"微信平台共同构建O2O运营模式，是公司向媒体电商化迈出的标志性步伐。未来，公司将进一步升级、优化物流配送流程，创新销售模式，构建涵盖O2O、物流、服务、推广和投资的电商一体化解决平台。粤传媒商品销售及物流业务情况见表7-8。

表7-8　粤传媒商品销售及物流业务量

分行业收入	2015年		2014年		同比增减（%）
	金额（元）	占营业收入比重（%）	金额（元）	占营业收入比重（%）	
商品销售	18095567.90	1.40	13210373.85	0.82	36.98
物流	41540639.86	3.21	18436845.36	1.14	125.31

（数据来源：粤传媒2015年年报）

2.浙报传媒

"钱报有礼"经过近两年运营,"小电商,美生活"的平台定位与发展路线趋于清晰,以钱江晚报的资源优势、渠道优势和品牌优势为依托,通过垂直细分,着重发力内容电商、移动电商和本地生活O2O,健康直购、生鲜配送、旅游电商等板块涨幅明显,2015年全年营收同比上年增长152%,复购率达到56%,建成6家线下门店,在传统纸媒电商中优势明显。2015年,浙报传媒完成了平台系统性建设、新老域名交替等工作,基础更加稳固。浙报传媒2014—2015年商品销售收入变动见表7-9。

表7-9 浙报传媒2014—2015年商品销售收入变动表

年度	营业收入(元)	营业成本(元)	毛利率(%)	营业收入比上年增减(%)	毛利率比上年增减(%)
2015年	659248259.04	644900137.71	2.18	92.18	+1.65
2014年	343043225.55	341215725.06	0.53	300.33	−1.32

(数据来源:浙报传媒2015年年报)

7.5.3 其他服务——大数据、政务服务、网络医院、养老服务、教育等

1.大数据业务

报业公司在传统报刊订阅及新媒体业务的展开及基于互联网、移动互联网的智慧服务中不断积聚用户数。例如浙报传媒公司在媒体融合中加快用户集聚,建成拥有6.6亿注册用户、600万读者资源及5000万活跃用户的同行业最大用户数据库。华媒控股也积极涉足基于云印刷的大数据服务项目。

2.政务、电商、医疗、养老

浙报传媒在"新闻+服务"的新型商业理念指引下,在政务、电商、

医疗、养老、区域门户集群等业务领域进行了卓有成效的拓展。

3. 教育业务

博瑞传播的树德博瑞实验学校在校生人数2015年已超过3500人，教育业务持续稳定发展。

7.6　金融服务及投资布局

在媒体融合的浪潮中，多家报业上市公司通过资本整合资源，在金融服务及投资布局方面进行了开拓与探索。例如博瑞传播先期已拥有小贷业务，2015年又并购成都小企业融资担保有限责任公司，持股81.03%，从而涉足担保行业。更多公司充分运用其品牌信用优势，通过设立投资基金、并购基金及其他金融资本平台等手段，成功进行投资及业务布局。

博瑞传播、华媒控股、华闻传媒、粤传媒、浙报传媒等公司依托与其他企业共同投资设立或独资设立的产业基金、投资公司等分别在文化娱乐产业链各节点进行布局。相对于其他领域，文化娱乐产业：①机会众多、政策激励；②上市公司与相关领域有关联，熟悉其发展态势，比较容易把握其运作规律；③利润相对丰厚，成长空间巨大。在泛娱乐产业中，进行全产业链的布局也会给资本市场无限的想象空间，有利于支撑其股价，因此6家报业上市公司拓展方向主要在泛娱乐业的全产业链延伸上。

7.6.1　博瑞传播

（1）斥资11.5亿元切入四川担保业，促进公司产业金融结构优化升级。

2015年9月15日，博瑞传播停牌筹划重大重组事项。12月24日，公司召开九届董事会第八次会议。会议决定，公司拟采用发行股份和支付现金相结合的方式，以合计金额11.5亿元人民币并购四川担保龙头企业之一的成都小企业融资担保有限责任公司81.034%的股权，切入担保行业。

通过这次并购，博瑞传播金融板块业务将在原有小额贷款业务基础上拓展至融资担保领域，实现小贷业务与融资性担保业务的协同发展，有助于公司进一步优化、丰富和完善金融产业生态链，提升其在金融领域的综合竞争实力，同时还可以支持其数字娱乐等轻资产项目的融资和发展，寻求新的投融资机会，以金融之力助推文化产业的发展，实现业务领域的协同效应。

（2）成立两只文化产业投资并购基金，推动文化产业发展。

2015年，博瑞传播与私募公司合作，发起设立了两只文化产业并购基金。其中，与国内创投机构上海英硕以分期募集的方式，成立预计总规模50亿元人民币左右的文化产业股权并购基金。基金首期规模为10亿元人民币，公司及其全资子公司共出资1.5亿元。博瑞传播还与另一家创投机构上海永宣发起设立总规模3亿元人民币的股权投资基金，博瑞传播及全资子公司出资1亿元。两只并购基金将重点投资于新媒体及泛娱乐产业，包括但不限于原创内容、动漫、游戏、体育产业、电竞产业、文化旅游产业等。通过并购基金，并依托于国有控股上市公司背景以及基金各合伙人的资源优势，博瑞传播将参与投资具有升值潜力的创新文化产业，有利于提高自有资金的利用效率；有利于捕捉和寻找到适合公司现有产业链上的项目标的，完善公司在文化产业领域的产业结构，增加竞争力。通过基金公司的退出机制，可增加博瑞传播的投资收益、提升其品牌知名度，以及在文化产业领域的影响力，为其战略转型提供有力支撑，从而为实现其做大做强、增强抗风险能力和提升公司核心竞争力奠定必要的战略基础。

7.6.2　华媒控股

华媒控股与浙商创投共同发起设立华媒泽商文化传媒产业基金，重点投资新媒体、泛文化行业及信息技术结合的相关领域，并成立华媒投资公司，打造对外金融投资和资本运作统一平台。华媒控股与无锡金晟影视投资管理有限公司共同投资成立浙江华媒金晟文化产业投资管理有限公司，力图充分发挥双方各自在传媒领域、影视项目、影视文化基金投资和管理上的优势，抓住影视文化大发展的潮流与趋势。华媒控股与浙江文创控股集团有限公司合资成立华创全媒，打造跨境电商孵化器、新媒体集群及研发数据中心"1+1+1"综合性创新园区，为其未来产业孵化提供重要平台，也是其涉足跨境电商产业模式的积极探索。

华媒控股同时加快了投资并购步伐，通过资本市场完善在传媒相关产业链节点布局。

7.6.3　华闻传媒

华闻传媒积极实施传媒业海外并购，重点关注品牌媒体、国际台海外落地布局下的本地化媒体。

上海鸿立贯彻专业化投资理念，实现机制转型，全面转向股权投资；在适度投资拟首次公开募股（IPO）项目的同时，重点投资科技、媒体和通信（TMT）的中早期项目，在虚拟现实（VR）、动漫等行业的早期投资获得了较好的效果；紧紧围绕集团公司产业链进行投资布局；2015年全年，共投资12个股权项目，往年项目投资已见成效。

7.6.4　粤传媒

粤传媒在文化传媒及相关产业领域积极寻找团队优秀、发展可期的投资项目。粤传媒通过投资、参股、并购等多种资本运作方式，为公司积累有助于实现公司多元化战略部署和传媒产业链布局的投资项目资源。

粤传媒与德同（北京）投资管理有限公司合作设立上海德粤股权投资基金中心（有限合伙），专注于投资文化传媒新兴领域和创新服务领域的相关企业，围绕公司既定的战略发展方向，致力于推进公司战略化转型。2015年，德粤基金重点投资了体育、视频、数字内容等领域的多个项目，在优化公司的产品和业务结构方面起到了积极的推动作用。

粤传媒注重加强资本运作，整合内外部资源，促进传统媒体与新媒体的融合发展。

在媒体融合的浪潮中，粤传媒以资本整合资源、以资本培育新媒体、以资本谋求融合，借助资本的力量实现传统媒体和新兴媒体的融合发展。

在搭建投资平台方面，粤传媒携手德同（北京）投资管理有限公司成立了德粤基金。作为其产业并购及创新领域投资的资本平台，德粤基金直接连接市场前沿的创新点，专注于投资文化传媒热点领域和创新服务领域的相关企业，为推动其司战略转型与外延式扩张探索了良好的发展模式。

在子公司资本运作方面，粤传媒之控股子公司广州羊城地铁报业有限责任公司正在筹划在全国中小企业股份转让系统（"新三板"）挂牌前期事宜，广州市国资委同意地铁报公司申请在新三板挂牌，将其纳入第二批新三板挂牌重点企业名单。

7.6.5 浙报传媒

浙报传媒投资平台进入收益回报期。2015年，得益于公司投资板块全投资链逐渐闭合，浙报传媒投资收益显著提升。

浙报传媒旗下投资平台东方星空以直接投资和基金管理并举的形式，在持续高产的基础上把握住了市场节奏，形成爆发性增长。东方星空通过减持新三板挂牌公司随视传媒股份及深交所上市公司华数传媒（000156）股份，大幅增厚公司利润。2015年东方星空全年累计实现净利润38204万元人民币，比去年同期增长400%。浙报传媒及下属东方星空不断加大加快投资布局，抢占产业制高点，储备了众多优质项目。浙报传媒此前布局投资的缔安科技、铁血科技两个项目已成功挂牌新三板，唐人影视已获准挂牌新三板，目前正在筹备挂牌中，爱阅读、东方嘉禾、海誉动想等一批项目也在积极筹备挂牌新三板。

第8章 我国报业上市公司面临的挑战与建议

8.1 挑战

8.1.1 传统媒体市场进一步下滑

表8-1是华闻传媒旗下的华商传媒及附属公司的广告和发行收入变化情况，比较有代表性。2013年到2015年，华商传媒及附属公司的发行收入和日均发行量的下降趋势比较明确，与市场调查公司所得出的结论一致。这种由于技术进步及社会公众行为模式的变更而导致的变迁，基本不可逆转。但广告收入各附属公司的表现比较分化，有年年递减，也有波动性比较强的，与公司具体经营战略及执行力密切关联。未来这一市场规模可能继续下滑，传媒企业间的竞争将更趋激烈。

表8-1 2015年华商传媒及附属公司的广告和发行收入变化情况

单位名称	广告收入（万元）			发行收入（万元）			日均发行量（万份）		
	2015年	2014年	2013年	2015年	2014年	2013年	2015年	2014年	2013年
华商广告	35197	48096	45906	7250	8099	9176	38	42	47
吉林华商传媒	10728	17533	14668	2423	2765	2994	22	25	27
重庆华博传媒	12441	18213	11686	2656	3444	3819	22	28	29
辽宁盈丰传媒	8214	15037	13794	2159	2766	3116	22	28	30

单位名称	广告收入（万元）			发行收入（万元）			日均发行量（万份）		
	2015年	2014年	2013年	2015年	2014年	2013年	2015年	2014年	2013年
华商网络	1649	4410	5152						
华商卓越文化	642	1455	3002						
合计	68871	104744	94208	14488	17074	19105	104	123	133

（数据来源：华闻传媒投资集团股份有限公司2015年年度报告）

8.1.2 泛娱乐行业竞争加剧，报业公司市场掌控能力分化

以报业传媒最为关注的游戏行业为例，2015年后，我国广义网络游戏市场会结束其快速增长期，市场规模将迎来一个相对平稳期，规模增速逐年降至新低。网络游戏市场目前的在位企业间将面临激烈的竞争。

在2015年度世界各大游戏公司收入排名中，美日各占四席，腾讯雄踞第二。在我国游戏市场的各大排行榜中，稳居前列的是互联网公司巨无霸公司BAT，以及科技创业公司、门户网站网易等。与这些公司相比，报业传媒从资本、创意到运营，各方面均不具明显优势，在未来的竞争中处境不容乐观。

目前，博瑞传播及浙报传媒在数字娱乐新业务的运营能力上呈现分化状态，市场表现不尽相同。例如，博瑞传播的网游业务的营业收入2015年比上年减少23.81%，毛利率也比上年减少13.32个百分点，见表8-2。而浙报传媒的游戏业务收入在2015年仍在增长，比2014年总体增长13.74%，与博瑞传播游戏业务表现形成对比，见表8-3。

表8-2　博瑞传播游戏业务收入情况

互联网游戏业务	收入（万元）		增长率（%）	占总游戏收入比例（%）
	2014年	2015年		
端游业务	7955.1	3220.55	−59.52	10.02
页游业务	22172.71	10831.63	−51.15	33.72
手游业务	12021.99	18072.31	50.33	56.25
其他	16.03	1.64	−89.77	0.01

（资料来源：博瑞传播2015年年报）

表8-3　浙报传媒游戏收入情况

游戏服务业务	收入（万元）		增长率（%）	占总游戏收入的比例（%）
	2014年	2015年		
在线游戏运营收入	80225.98	91138.89	13.60	92.78
游戏衍生产品销售收入	2816.10	3803.25	35.05	3.88
游戏平台运营收入	3325.99	3294.30	−0.95	3.35
合计	86368.07	98236.44	13.74	—

（资料来源：浙报传媒2015年年报）

8.1.3　来自互联网巨头和新型科技创业企业的全面挤压

随着互联网、移动互联网技术与产品的应用和普及，报业公司的传统媒体业务必然还会进一步萎缩，与数字新媒体的深度融合成为必然。其收入和利润会越来越倚重于与互联网技术相关的产品与服务。而从百度、腾讯、阿里巴巴、网易、搜狐等互联网巨头的战略定位来看，6家报业传媒公司的战略定位与其有很大的重合度。例如，腾讯重点布局泛娱乐产业，并成为2015全球最赚钱游戏公司的第二名；阿里的主业在电商，以及围绕电商的物流、支付、搜索、O2O部分，阿里的泛娱乐布局以阿里影业为开局，阿里音乐和阿里游戏为未来发展重点。[83] 未来报业传媒可能在其布局的各个领域直面这些公司的竞争，然而相对于报业传媒企业，互联网巨头们及游戏等领域的科技创业公司，在资本、技术、激励机制的灵活度等方面均具明显优势，从这个意义上来讲，如果不能进一步提升创新能力及经营管理水平，报业企业前途令人担忧。

8.2 建议

8.2.1 以内容提供商+渠道创新维系传媒业务收入

传统报业传媒的稀缺性资源与独特能力一直在于对于传播规律的掌控能力、对于局势的敏锐把握与判断能力，以及由此而来的优秀传媒产品的生产能力。在技术和资本的浪潮席卷整个传媒行业的今天，仍旧如此。因此，作为内容提供商，报业传媒对于内容需要一如既往的执着与坚守。虽然2015年报纸、杂志的广告刊例花费同比分别下降34.4%和19.8%，但商务楼宇、影院视频、互联网分别上升17.1%、63.8%、22.0%，广告份额大规模投向了新媒体。优秀的内容也需要符合潮流的表现及契合消费者行为模式的渠道相配合，各传媒公司的新媒体业务须迅速跨越投入期、探索期，尽快形成良好的盈利能力，抢占这块前景广阔的新市场。

另外，还需要继续做好细分市场，通过差异化竞争赢取主动。报业传媒在长期的经营实践中，在某行业、某地域、某领域或某特定的人群中所积累的独特的影响力在一定时期内仍会是一道壁垒，保护报业媒体在发行、广告方面的市场不被蚕食；同时，也有助于报业传媒在泛娱乐市场及物流及商品销售等传媒业务的延伸方面进展顺利。

8.2.2　人才引进及激励机制创新

在直面互联网巨头及科技创新、创意公司的激烈竞争中，高端人才的争夺也许是获胜的关键。

传媒及泛娱乐业务均是智力资本高度集中的行业，对于人才的倚重不容置疑。不论现在是内容创业者的春天还是冬天，高端媒体人的流失现象已屡见不鲜。不论是自主创业还是充分市场化的互联网企业，许以的往往是传统报业传媒企业所不能提供的股权及高薪激励。

目前，报业传媒企业随着业务领域的不断延伸，在新媒体人才、创意创新人才及高级经理人的引进与培养方面已做出很多努力。但是，面对充分市场化，携体制、资本及技术优势而来的对手公司，如想在这场竞争中避免深陷败局，激励机制的创新是重中之重，原有的束缚需要尽快放开。

8.2.3　延伸中的战略与市场开拓要更有前瞻性和审慎

"胜者通吃"似乎不仅仅是是盛行于古代社会的野蛮逻辑，在现代的商业社会中也屡被印证。从报业上市公司的战略定位、战略布局及执行来看，在坚守传媒主业的同时，大都采取泛娱乐业全产业链布局或基于原有客户资源及发行网络资源进行业务延伸。这种延伸与扩展与互联网公司百度、腾讯、阿里巴巴等，与数字娱乐业公司、科技创业公司等在战略布局上有很大重合。这些公司的优势无可辩驳，且在大数据下的精准运营、虚拟现实（VR）技术等方面进行了前瞻性布局，报业传媒企业必须认真对待、积极应对。

第9章 媒介融合背景下浙报传媒盈利模式变迁分析

9.1 浙报传媒盈利模式变迁

9.1.1 浙报传媒概况

浙报传媒股份有限公司脱胎于中国报业集团中第一家媒体经营性资产整体上市的公司浙报传媒集团股份有限公司，于2011年9月29日在上海证券交易所借壳上市。

上市以来，公司致力于全面互联网化发展并不断推动产业优化升级。2013年，公司收购杭州边锋、上海浩方，搭建数字娱乐平台；2016年，公司投建包括浙江大数据交易中心、"富春云"互联网数据中心、大数据创客中心、大数据产业基金在内的"四位一体"大数据产业生态圈；2017年，公司全盘剥离新闻传媒类资产，全面向互联网数字文化产业集团转型。

公司以"建设国内领先的互联网数字文化产业集团"为目标，全面发展基于互联网的数字文化产业，重点聚焦以优质IP为核心的数字娱乐产业、以电子竞技等为主的垂直直播业务、"四位一体"的大数据产业等三大板块，同时着力发展具备先发优势的文化产业投资及政务、电商、艺术品拍卖等文化产业经营业务。

9.1.2　浙报传媒主营业务概况

（1）新闻传媒平台。加大创新力度推进媒体融合，确保营收大盘保持稳定。在传统媒体行业下行趋势未有减缓的大背景下，公司继续深入推进媒体融合发展和产业转型，围绕24个年度重点稳固、增量提升、创新培育重点项目开展工作。2016年，公司累计投入资金近千万元，持续加强对业务创新的扶持力度，新闻传媒主业融合发展进一步提速，个别板块业绩表现亮眼。

（2）数字娱乐平台。整合优化推动全产业链平台建设，行业内领先优势继续扩大。公司围绕杭州边锋这一主平台构建全产业链数字娱乐生态圈，并加大力度投入"IP"产业发展，完成了东方星空数字娱乐有限公司的重组设立，由其对公司内外优质资源进行整合。公司还专注于泛娱乐产品的挖掘与孵化、影视产品的投资制作与宣发，以及版权内容生态平台的打造。

（3）智慧服务平台。深入实践融媒体时代"新闻+服务"理念，智慧服务平台全面升级。公司围绕"新闻+服务"创新商业模式，对智慧服务平台各板块进行梳理优化，确立发展方向，在政务、艺术品拍卖、医疗等方面取得较大进展。

（4）文化产业投资平台。推动投资平台改制转型，有效撬动社会资源，利润同比显著提升。浙报传媒着力提升国有资本投资效率，快速推动并完成了东方星空创投公司的体制机制改革，于2016年7月投资设立了杭州合有德峰投资有限公司。

9.1.3　盈利模式变迁轨迹

浙报传媒的媒体融合过程可以分为三个阶段，即2011年以前的"媒介＋资本"阶段、2011—2016年的"3+1"互联网平台运营阶段，以及第2016年以后的"四位一体"阶段（见图9-1）。浙报传媒跟随互联网发展的脚步，结合自身条件，在每一阶段积极开拓，创新盈利模式，使浙报传媒在各时期都能获得理想的收益。上述三个阶段层层递进，使浙报传媒在激烈的竞争中能够持续稳定发展。

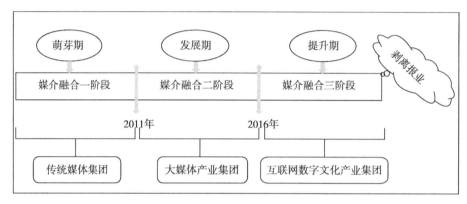

图9-1　浙报传媒盈利模式变迁

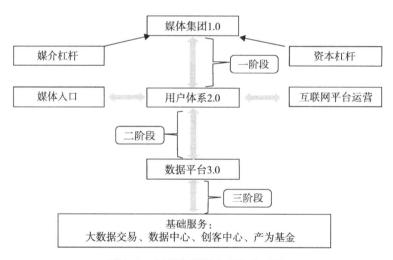

图9-2　浙报传媒媒介融合变迁图

从图9-1和图9-2来看，浙报传媒在媒介融合的每一阶段选择的盈利模式也有所不同。

（1）传统媒体阶段。浙报传媒借助"传媒＋资本"的模式于2011年借壳＊ST白猫上市，坚持"新闻传播价值，服务聚集用户"的思维，打通传统媒体与新媒体的边界、新闻媒体与互联网的界限，形成传媒产业与互联网产业的融通。这一阶段的主要的任务是开展长期的战略布局规划，升华自身企业的基本能力，确立传媒和资本双杠杆的运作能力，进行资本市场的投资运作，并将浙报传媒运作上市，为未来的发展奠定了基础。

（2）大媒体产业集团阶段。浙报传媒根据用户需求扩展了自己的媒介入口，根据这些媒介入口而扩张了企业的业务类型，进行业务创新升级，逐步延伸并形成新闻传媒平台、数字娱乐平台、智慧服务平台和文化产业投资平台的"3＋1"大传媒产业格局，拥有了具体的产业支撑基础。这一阶段的任务主要是展开全面媒体融合的战略布局，坚持"传媒控制资本，资本壮大传媒"的理念，建立3＋1大传媒产业格局，以期实现经济效益和社会效益的双丰收。浙报传媒在这一阶段不断发展自己，使自己可以屹立在企业竞争的丛林之中。

（3）互联网数字文化产业集团阶段：浙报传媒在"3＋1"平台运营的基础上，将用户策略升级为以用户和大媒体产业为依托的大数据产业生态圈平台。通过建立大数据交易中心，互联网数据中心，大数据创客中心和大数据产业基金的方式，也就是"四位一体"模式，建立起互联网基础底层支撑平台。由于浙报传媒拥有互联网生态平台核心的资产、能力，以及大数据的支撑，所以公司可以从传媒集团向互联网生态平台做进一步的升级。这一阶段的任务是从媒体产品运营到用户运营到数据业务运营的跨越式升级，建立起四位一体的大数据产业生态圈，成就真正的互联网枢纽型传媒集团，从信息枢纽到产业枢纽再到大数据资产枢纽，从业务表层到生态底层构建的层层深入。

在这三个阶段中，浙报传媒都选择了适合自身的盈利模式，为企业获得相较其他同类企业更为丰厚的利润。值得一提的是在第三阶段中，浙报传媒将报业产业剥离出售，以期建设成为国内领先的互联网数字文化产业集团，继续走在全国主流文化产业集团的前列。公司将集中资金及资源重点发展互联网文化新兴业态，并重点布局3大领域：数字娱乐产业、以电子竞技为主的垂直直播业务、大数据产业，力图打造国内领先的互联网数字文化产业集团。

9.1.4　主营业务变迁轨迹

浙报传媒的主营业务在媒体融合中，随着公司战略重心的转移不断发展变化。表9-1是浙报传媒上市前后的各主营业务收入及其占比的变化情况。2011年企业的主营业务还维持传统报媒的业务，并且其收入非常低，2011年主营业务总收入近13万元，报纸发行和广告收入占主营业务总收入的88.69%，是企业的主要盈利业务。浙报传媒上市后其收入发生了翻天覆地的变化，2012年总收入与11年总收入相差约1.3亿元，除了原有主营业务收入增长外，还增加了无线增值业务，报纸发行和广告收入占主营业务总收入的82.17%，仍为企业的主要赢利项目。从表9-1和图9-3可以发现，2013—2016年主营业务收入持续上涨，其传统业务收入占比持续下降，2016年占比降至30.3%，新媒体业务收入占比达69.7%，这说明企业盈利项目偏向新媒体业务。虽然浙报传媒近几年来主营业务变化较大，但企业的主营业务收入也呈持续增长的趋势，这与浙报传媒调整盈利模式有一定的关系。

表9-1　浙报传媒主营业务构成变化情况

年份		2011	2012	2013	2014	2015	2016
报刊发行	收入（元）	37431	390013800.17	400681897.75	389148596.79	351888000.43	341593320.82
	占比（%）	28.96	28.40	17.40	12.89	10.31	9.76

续表

年份		2011	2012	2013	2014	2015	2016
广告及网络推广	收入（元）	77199	738346621.16	1003502533.79	896898687.97	763858138.52	718660653.89
	占比（%）	59.73	53.77	43.57	29.71	22.38	20.54
印刷	收入（元）	6252	79646417.57	60337464.76	57076661.53	85256224.67	99744880.26
	占比（%）	4.84	5.80	2.62	1.89	2.50	2.85
无线增值服务	收入（元）	0	46047967.57	49508361.40	62.555978.33	82089372.32	39978158.78
	占比（%）	0.00	3.35	2.15	2.07	2.41	1.14
在线游戏运营	收入（元）	0	0.00	427066112.08	802259832.49	911388863.34	654978158.78
	占比（%）	0.00	0.00	18.54	26.58	26.71	18.72
衍生产品销售	收入（元）	0	0.00	29299178.78	28160998.87	38032541.89	40010893.22
	占比（%）	0.00	0.00	1.27	0.93	1.11	1.14
平台运营	收入（元）	0	0.00	34359178.78	33259937.26	32942986.13	36072854.38
	占比（%）	0.00	0.00	1.49	1.10	0.97	1.03
信息服务	收入（元）	0	0.00	0.00	0.00	176574669.70	253270598.51
	占比（%）	0.00	0.00	0.00	0.00	5.17	7.24
商品销售	收入（元）	0	0.00	0.00	343043225.55	659248259.04	883004917.01
	占比（%）	0.00	0.00	0.00	11.36	19.32	25.24
其他	收入（元）	8364	119057527.23	298371203.39	406161334.83	311240336.15	431466921.21
	占比（%）	6.47	8.67	12.96	13.46	9.12	12.33
主营业务总收入（元）		129247	1373112333.70	2303125974.54	301856525362	3412519392.19	3498781292.18

主营业务总收入

图9-3　浙报传媒主营业务收入变化图

9.1.5　浙报传媒的盈利模式变迁中的财务表现

1.浙报传媒盈利模式变迁中的盈利绩效变动分析

浙报传媒盈利模式变迁导致盈利状况发生了变化。从表9-2及图9-4中，可知浙报传媒营业收入呈持续增长的状态，并且其增长率增幅变化较大，2012—2013年是企业营业收入增长最快的部分。从整体上观察，2012年与2016年是浙报传媒盈利模式变迁后的两个节点，在这两年的营业收入增长率偏低，但其后又呈向上趋势。

表9-2　浙报传媒营业收入增长情况

年份	营业收入（元）	增长率（%）
2011	1342276877.59	10.62
2012	1437957163.64	7.13
2013	2355749206.42	63.83
2014	3065947293.03	30.15

续表

年份	营业收入（元）	增长率（%）
2015	3457549774.98	12.77
2016	3549931789.53	2.67

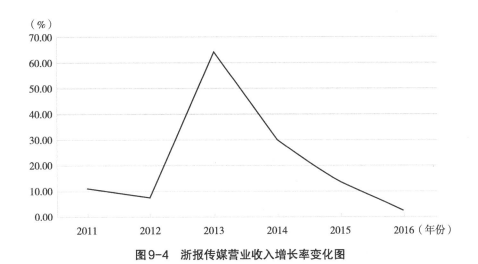

图9-4 浙报传媒营业收入增长率变化图

　　根据表9-3及图9-5，可知浙报传媒营业利润呈持续增长的状态，并且其增长率增幅变化较大。2012—2013年是企业营业利润增长最快的年份，其后震荡走低。

表9-3 浙报传媒营业利润变化状况

年份	营业利润（元）	增长率（%）
2011	248537094.06	11.41
2012	269911626.53	8.60
2013	498511519.03	84.69
2014	612550860.75	22.88
2015	901432511.91	47.16
2016	917693198.73	1.80

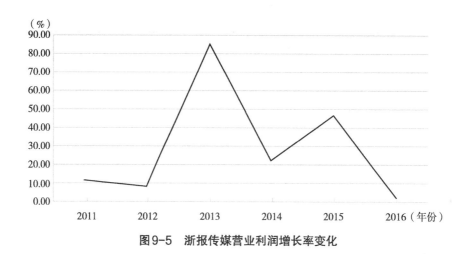

图9-5　浙报传媒营业利润增长率变化

2.浙报传媒盈利模式变迁中的盈利能力变动分析

表9-4　浙报传媒盈利能力指标

指标	2012	2013	2014	2015	2016
总资产利润率（%）	6.94	4.77	6.05	6.44	5.95
主营业务利润率（%）	41.92	44.38	47.36	44.93	38.65
总资产净利润率（%）	8.29	6.56	6.13	6.59	6.05
成本费用利润率（%）	24.08	27.76	36.43	31.80	31.47
营业利润率（%）	18.56	21.09	27.05	25.05	18.25
销售净利率（%）	19.26	20.76	26.04	24.05	24.46

　　由表9-4及图9-6可知，2012—2016年浙报传媒的总资产利润率及总资产净利润率都呈缓速增长，且数值比较高。这说明企业的总资产带来的利润较高；营业利润率、销售净利率也有所增长，这说明企业拥有较高的获利能力。

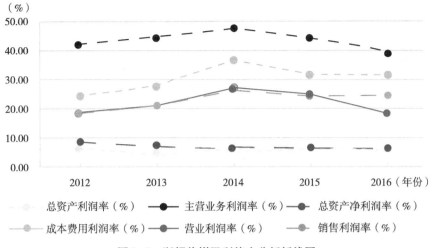

图9-6 浙报传媒盈利能力分析折线图

企业主营业务利润率及成本费用利润率，都有缓速增长的趋势而且普遍偏高。主营业务利润率偏高说明浙报传媒主营业务的获利能力较好；成本费用利润率高说明企业每付出一单位的成本，获得的利润越高，企业的经济效益较好。虽然这些可以表示企业盈利能力的指标在2016年较2015年有下降的趋势，但是下降趋势不明显。浙报传媒仍保持较好的盈利能力。

3.浙报传媒盈利模式变迁中的成长能力变动分析

表9-5 浙报传媒成长能力指标

指标	2012	2013	2014	2015	2016
主营业务收入增长率（%）	113.73	44.62	39.32	17.43	−1.76
净利润增长率（%）	5.11	56.24	92.44	11.23	−0.31
净资产增长率（%）	579.67	134.97	48.37	13.08	19.43
总资产增长率（%）	390.57	132.24	39.58	8.60	10.31

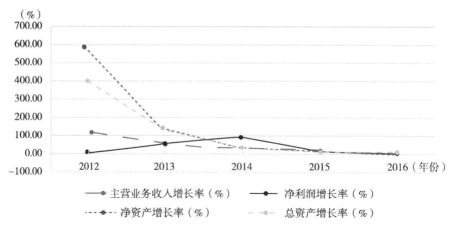

图9-7 成长能力分析折线图

由表9-5及图9-7可知，浙报传媒在纸质媒体衰落的大环境下，凭借其特有的"四位一体"盈利模式获得了比其他报媒企业更高的收益，浙报传媒2016的营业总收入比2015年增长了近一亿元人民币，增长率大约为2.7%；该公司2016年的净利润比2015年增长了近两亿，增长率大约为16.3%。

浙报传媒2012—2016年的成长能力在逐渐走低，浙报传媒出现这样状况的主要原因是报媒的发展受到新兴媒体的冲击，在寻求媒介融合的过程中也要面对各种冲击和阻碍。

4.浙报传媒盈利模式变迁中的营运能力变动分析

表9-6 浙报传媒营运能力指标

指标	2012	2013	2014	2015	2016
应收账款周转率（%）	4.55	5.11	5.32	6.00	6.06
存货周转率（%）	9.30	16.20	17.31	20.43	22.54
固定资产周转率（%）	1.93	2.85	3.74	4.48	4.73
总资产周转率（%）	0.42	0.30	0.26	0.27	0.24
流动资产周转率（%）	0.86	0.80	0.80	0.85	0.87
股东权益周转率（次）	0.65	0.48	0.40	0.40	0.33

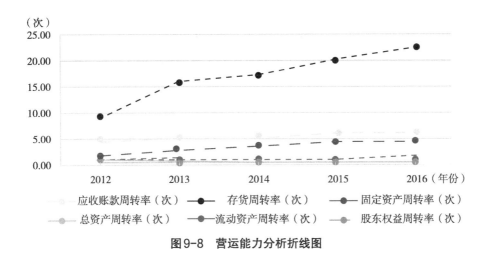

图9-8 营运能力分析折线图

　　由表9-6及图9-8可知，应收账款周转率五年来不断增长。这说明浙报传媒的收账期限较短，资产流动快。存货周转率也呈增长的趋势，这说明企业的销售能力有所增强。固定资产周转率呈缓慢增长的趋势，这表明公司对自家的固定资产得到了充分的利用，对固定资产的投资也比较恰当，这使企业的固定资产能充分发挥自己的价值。流动资产周转率也在缓慢增长中，这表示企业的资金利用效率较好。

　　但是，浙报传媒的总资产周转率呈缓慢下降的趋势，企业的股东权益周转率起伏不定，2016年较2015年呈下降的趋势，因此企业需要进一步提高资产使用效率，以节约成本获得更高收益。

　　5.浙报传媒盈利模式变迁中的财务比率综合变动分析

表9-7　浙报传媒各主营业务收入占主营业务总收入比例

主营业务	2012	2013	2014	2015	2016
报刊发行收入	28.40%	17.40%	12.89%	10.31%	9.76%
广告及网络推广收入	53.77%	43.57%	29.71%	22.38%	20.54%

续表

主营业务	2012	2013	2014	2015	2016
印刷收入	5.80%	2.62%	1.89%	2.50%	2.85%
无线增值服务收入	3.35%	2.15%	2.07%	2.41%	1.14%
在线游戏运营收入	0.00%	18.54%	26.58%	26.71%	18.72%
衍生产品销售收入	0.00%	1.27%	0.93%	1.11%	1.14%
平台运营收入	0.00%	1.19%	1.10%	0.97%	1.03%
信息服务收入	0.00%	0.00%	0.00%	5.17%	7.24%
商品销售收入	0.00%	0.00%	11.36%	19.32%	25.24%
其他收入	8.67%	12.96%	13.46%	9.12%	12.33%
合计	100.00%	100.00%	100.00%	100.00%	100.00%

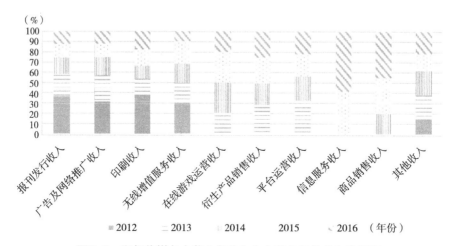

图9-9 浙报传媒各主营业务收入占主营业务总收入比例图

如表9-7及图9-9所示，浙报传媒2016年主营业务收入最高。其中，广告及网络推广收入五年来仍然是占比重最高的收入。2012—2014年主营业务的种类不多，尤其是2012年，主要靠卖报纸和广告来获得收入；

2015—2016年主营业务收入偏向在线游戏运营收入、信息服务收入、商品销售收入以及其他收入。这说明浙报传媒这两年的盈利来源发生变化，而这些变化又为企业创造了更高的收入，2016年主营业务总收入比2012年增长了将近22亿元人民币。

浙报传媒2016年的主营业务收入较2015年而言偏向信息收入、商品销售收入及其他收入，而报刊发行和广告的收入则呈下降的趋势。这说明在媒介融合愈发深入的背景下，报媒企业传统的业务收入不再是比重最高的收入，企业的业务重心发生了变化，转向了其他更符合时代潮流，更适合媒介新发展的主营业务。企业只有稳固传统业务，并不断开拓新领域，才能走得更远。

9.2　浙报传媒盈利模式分析

浙报传媒的盈利模式几经变迁，其"四位一体"模式，即建立大数据交易中心，互联网数据中心，创客中心和产业基金模式，值得进行认真剖析与回顾。

9.2.1　浙报传媒整体业务的Adrian J. Slywotzky企业盈利要素模型分析

浙报传媒在媒介融合中发展迅速，企业业务范围较广，主要包括报刊发行业务、广告及网络推广业务、无线增值业务、平台运营业务及信息服务业务等，涵盖了浙报传媒作为报媒企业的传统业务和媒介融合后的新兴业务，其盈利渠道丰富多样。根据Adrian J. Slywotzky提出的观点，浙报传媒的整体盈利模式都围绕着企业的客户选择、价值获取、战略控制以及业务范围这四个要素进行，相互间联系贯通。

表9-8　Adrian J. Slywotzky企业盈利要素模型下的浙报传媒整体盈利模式

构成要素	要解决的问题	具体内容
客户选择	为哪些客户提供服务？——满足企业用户获取信息、娱乐、沟通、购买商品等需求	①为哪些客户提供价值？——为成千上万的读者用户提供独特优质的信息资讯、娱乐、沟通等服务 ②哪些客户有利润？——会使用互联网的读者群和用户能够为企业带来报刊发行、付费咨询、付费游戏产品等方面的利润 ③哪些客户需要放弃？——部分不会使用互联网的老年用户，这部分客户没有网络消费，属于利润较低的客户
价值获取	如何获取利润？——浙报传媒通过报刊发行、无线增值服务、平台运营、信息服务等渠道获取利润	①如何为客户创造价值，从而获得其中一部分利润？——为客户提供符合偏好、全面优质的信息服务，使客户在日常生活中能便捷地获得信息，优化自己的生活质量 ②采用何种盈利方式——通过平台运营，收取线上线下服务费用的方式盈利，通过用户规模吸引广告主，通过游戏运营获得衍生费用盈利
战略控制	如何保护利润流？——维持浙报传媒盈利的基础是其庞大的用户群，企业只有通过提供符合用户偏好、全面优质的服务和产品才能稳定其现有用户，吸引潜在用户为企业提供利润来源	①客户购买的诱因是什么？——由于互联网技术的发展，浙报传媒进行媒介融合，是企业跟着潮流转型，客户也随着潮流对浙报传媒有了新的需求 ②我的价值判断与竞争对手有何种不同？特点何在？——浙报传媒选择的媒介融合形式与其他传统报媒不同，是以资本运作为核心，以跨界产业融合发展为路径，以超常规方式迅速进入高风险、高收益领域的跨越型策略，可以为客户提供多样化优质的报业与网络结合的信息资讯服务 ③哪些战略控制方法能够抵消客户或者对手的力量——用户规模是浙报传媒等报媒企业竞争的关键，企业只有在稳固现有用户的基础上，提供用户偏好的产品服务，吸引潜在用户，才能维持其竞争优势
业务范围	从事何种经营活动？——浙报传媒的经营活动主要是传统业务+媒介融合新业务	向客户提供何种产品、服务和解决方案？从事何种经营？——浙报传媒提供报刊发行业务、广告及网络推广业务、印刷业务、无线增值业务、游戏运营以及平台运营等多样的传统+互联网的信息服务

由于以上四个要素的相互联系促进，浙报传媒形成了稳定的利润来

源，其盈利与否由客户选择决定，而业务内容又决定企业盈利与否，企业的盈利模式建立在 Adrian J. Slywotzky 提出的企业盈利四要素之上。四要素相互协调、相互促进，使企业利润稳定快速增长。

然而，浙报传媒于2017年3月出售其新闻媒体传媒类资产和传统业务，说明企业的客户选择发生了变化，企业未来需要根据客户的偏好和需求规划企业的业务内容，从而保证企业整体战略目标的实现。

9.2.2　基于Byron J. Finch资源盈利模式的浙报传媒广告以网络推广业务分析

浙报传媒的广告及网络推广业务以企业的传统媒体，即各系列报刊，以及新媒体即各种网络报刊、APP、微博、微信、网站为渠道，大力推动大数据产业建设发展，促进内外部数据资源互联互通，利用浙报传媒庞大的用户吸引广告主提高广告投放服务，从而收取相关费用获得盈利。

浙报传媒的广告及网络推广业务一直是其重要的主营业务。2016年，全国报纸广告降幅高达38.7%，受市场化商业广告下滑、新媒体产品仍处于投入探索期等因素影响，浙报传媒2016年公司广告收入也比2015年下降5.92%。

从表9-9及图9-10中可知，2012年开始公司广告及网络推广的收入持续走低，且该项收入占总收入的百分比也越来越少，这说明企业开始更加倚重其他业务，其增长率也持续下降。2016年，企业该项收入的增长率开始回升，企业的广告业务收入有回涨的可能性。

表9-9　2013-2016年网络广告业务收入及增长率比较

年份	收入（元）	占总收入百分比（%）	增长率（%）
2013	1003502533.79	43.57	35.91
2014	896898687.97	29.71	−10.62
2015	763858138.52	22.38	−14.83
2016	718660653.89	20.54	−5.92

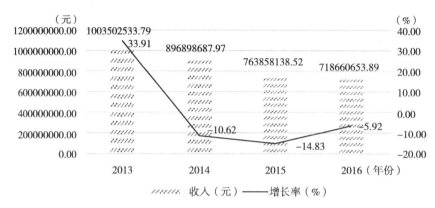

图9-10　2013—2016年广告业务收入增长率变化图

　　通过分析浙报传媒的广告及网络推广收入来源可知它来自两个部分，即传统媒体部分和新媒体部分。传统媒体部分，读者的规模是企业吸引广告投放的关键；新媒体部分，企业可以根据用户的收入、消费习惯偏好等进行广告投放。但究其根源主要还是浙报传媒读者群和用户群导致的广告曝光量，这能为企业带来每年7亿~9亿元人民币的收入。由于广告业务在报媒企业重点持续重要地位，我们尝试对广告业务进行Byron J. Finch盈利模式的分析。根据Byron J. Finch的资源盈利模式（李舟，2014）可知，盈利模式重要的三个组成部分是盈利资源管理、价值组成以及成功的基础，三部分相互联系、相互协调，才能保证最终的盈利实现。

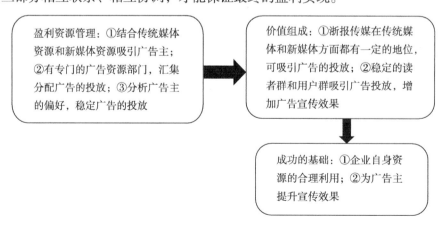

图9-11　Byron J. Finch的资源盈利模式

就目前广告投放的情况而言，广告投放更趋向于互联网企业，浙报传媒只有更好地协调这三部分才能使广告及网络推广业务的收入在商业广告缩水的大环境下维持稳定并有所增长。

9.2.3　浙报传媒平台运营业务的Gary Hamel盈利模式分析

浙报传媒的平台运营业务始于2013年，包括四个平台即新闻资讯、数字娱乐、本地服务及文化产业。其中，数字娱乐中游戏平台收入较多。浙报传媒致力于通过稳固边锋平台核心业务优势，打造国内一流数字娱乐全产业链服务商。杭州边锋以巩固PC端棋牌游戏为基础，重点强化移动端棋牌游戏，加快海外渠道开拓。公司强化核心业务和团队建设发展，内部创新和投资并购并举，不断进行资源整合、产品开发及市场拓展，深入布局外部生态圈，逐步形成全新孵化平台。以此为基础，数字娱乐平台以东方星空数娱公司为纽带，加快IP内容产业创新，努力打造包括网络文学、网络游戏、互联网视频、数字体育、动漫、数字出版物等内容为主体的数字娱乐产业链，力争成为国内一流的数字娱乐产业服务商。

浙报传媒通过互联网平台为游戏提供商提供游戏载入平台，为游戏玩家提供游戏服务从而取得平台运营收入。游戏玩家以购买游戏点卡、充值或直接购买游戏币的方式在公司游戏平台进行消费。Gary Hamel的盈利模式理论（李舟，2014）认为一个盈利模式主要包括核心战略，即公司竞争的基础；战略资源，即公司的优势资源；客户界面，即公司与客户的关系；价值网络，即以公司为中心，补足和扩大公司的自有资源。按照该理论进行分析可知，浙报传媒平台运营盈利的动力和未来的发展趋势。

由该盈利模式的分析可知：

（1）企业的核心战略与客户界面是客户利益的构成部分——浙报传媒平台运营是为客户提供日常信息服务，企业应该采取合理的措施为客户提供理想的服务。

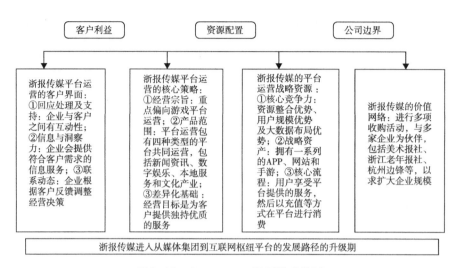

图9-12　Gary Hamel盈利模式分析

（2）核心战略与战略资源是企业资源配置的构成部分——浙报传媒不断探索与新兴的新媒体进行联合，平台运营联合各种网站、APP等资源运营。

（3）战略资源与价值网络构成企业公司边界的部分——浙报传媒收购不同类型的传统媒体企业和新媒体企业。公司边界是企业以核心能力为基础与市场相互作用而形成的经营范围和规模，所以企业应该合理评估自身的资源优势促进经营范围和规模的扩张。

该盈利模式说明，浙报传媒的平台运营业务充分考虑客户利益、合理进行资源配置、以自身优势扩大公司边界，使该业务成为公司发展趋势较好的业务。其中，以互联网游戏为核心的数字娱乐产业已成为公司的主要利润来源。

9.3　报业上市公司盈利模式比较研究

国内报媒企业对媒介融合的形式选择都采取不同的策略，主要有四种（吴锋，罗赟杰，2015）。

（1）直接延伸的稳健策略——粤传媒：以传统媒体的主营业务为根基，开展比较熟悉或擅长的相关新兴媒体项目，借此带动传统媒体与新兴媒体融合发展的运营策略。

（2）间接延伸的扩张策略——博瑞传播：推动传统媒体与新兴媒体的深度融合，大胆突破传统媒体的主营业务范围，以快速扩张的态势进入新媒体的热点领域，借此带动传统媒体转型升级的运营策略。

（3）资本引领的跨界策略——浙报传媒：以资本运作为核心，以跨界产业融合发展为路径，以超常规方式迅速进入高风险、高收益领域的跨越型策略。

（4）平台牵引的整合创新策略——人民网：以互联网思维为先导，以搭建互联网平台为基础，以构建基于互联网的盈利模式为根本目标的整合创新策略。

因为浙报传媒与粤传媒采取的媒介融合策略是反差最大的两家企业，两家企业上市时间也较接近，且相比于博瑞传播和人民网来说，粤传媒更接近于报媒企业，因此对浙报传媒与粤传媒进行盈利模式的比较分析，希望通过比较可以发现在选择不同盈利模式后，两家公司在竞争力、主营业务开展和财务状况之间的差异。

9.3.1　盈利模式比较分析

浙报传媒和粤传媒两家企业根据自身保有的资源优势，在媒介融合过程中对盈利模式做出了调整。截至2016年，两家企业仍具有显著差异。

浙报传媒采取高风险、高收益的跨界产业融合的媒介融合策略，其盈利模式是利用"四位一体"模式构建互联网数据中心和大数据交易中心等，从数据存储、数据分析和数据共享等方面统领原有新闻传媒、数字娱乐、智慧服务和文化产业投资的"3+1"平台运营模式。企业利用高强度的资本运作，迅速改变传统纸媒经营业务单一、陈旧的被动局面，大幅提升新媒体经营收入的比重，进而在极短的时间内获取新媒体市场的经营优势。

表9-10　资源优势比较分析

公司	资源优势	盈利模式
浙报传媒	资源整合优势、主流媒体品牌公信力优势、政府及社会各方资源优势、资本运作平台优势、平台聚合优势、互联网数字文化产业布局优势、人才聚集优势、产业创新优势	利用"四位一体模式"统领"3+1"平台运营模式深化"传媒+资本"盈利模式
粤传媒	品牌价值优势、区域用户集聚优势、营销渠道优势、发行物流网络和服务布点优势、广告形式多样的优势、立体化综合营销平台优势	以传统盈利模式为基础推出互联网广告平台，自建游戏平台，开展新媒体业务

粤传媒采取探索成本低、风险小的稳健的直接延伸媒介融合策略，其盈利模式是以传统盈利模式为基础推出互联网广告平台，自建游戏平台，开展新媒体业务。企业主要依托传统纸媒的优势资源而直接延伸新媒体业务，这是大部分报媒企业会采取的措施。

由上述比较分析可知，浙报传媒与粤传媒的资源优势有所不同。浙报传媒利用其拥有的资源整合、资本运作优势和平台聚合资源等优势发展自己的新媒体业务，而粤传媒是利用自身信息资源优势、在广州和珠江三角洲地区报刊发行网络优势等，直接以传统业务为基础开展新媒体业务。粤传媒的广告形式丰富多样，立体的综合营销平台，以及企业完善的物流网络和服务布点都是浙报传媒目前确实可以借鉴的部分。

9.3.2　主营业务状况比较分析

浙报传媒与粤传媒的传统业务包括发行业务、广告业务和印刷业务。媒介融合之后，两家企业的盈利模式发生了变化，企业的主营业务状况也随之发生了变化。

浙报传媒力图构建数字娱乐产业线,于2012年以32亿元人民币收购杭州边锋和上海浩方抢占网游市场的先机;大力推动新闻服务、生活服务、娱乐服务的"三网融合";以平台聚合资源的优势开展电子商务、提供生活服务、进军游戏娱乐。

粤传媒以其丰富的信息资源优势发展基于纸媒信息的新媒体项目;以报刊发行网络优势发展基于传统纸媒的电子商务配套业务;发展基于纸媒传统的彩票和游戏娱乐业务,具体业务见表9-11。

表9-11 2016浙报传媒与粤传媒主营业务状况

浙报传媒			粤传媒		
主营业务业务	营业收入(元)	所占比重(%)	主营业务	营业收入(元)	所占比重(%)
报刊发行收入	341593320.82	9.76	发行业务	245651188.39	24.06
广告及网络推广收入	718660653.89	20.54	广告业务	401845538.34	39.36
印刷收入	99744880.26	2.85	印刷业务	209570026.28	20.53
无线增值服务收入	39978094.10	1.14	旅店服务业	10236996.29	1.00
在线游戏运营收入	654978158.78	18.72	商品销售	22495093.68	2.20
衍生产品营销收入	40010893.22	1.14	网络服务	21584940.81	2.11
平台运营收入	36072854.38	1.03	物流	57804583.12	5.66
信息服务收入	253270598.51	7.24	其他	51641225.81	5.06
商品销售收入	883004917.01	25.24	主营业务总收入	1020829592.72	
其他收入	431466921.21	12.33			
主营业务收入	3498781292.18				

由表9-11可知,作为传统的报媒企业,其营业收入由传统业务收入和新媒体业务收入构成。浙报传媒扩展的新媒体业务多于粤传媒,不论是传

统业务还是新媒体业务浙报传媒的收入都高于粤传媒，且媒体业务所占比重大于传统业务，而粤传媒的业务重心仍然偏向于传统业务，网络服务和物流业也是企业较大比重的主营业务。然而，粤传媒力图构建综合型、一体化的发行物流电商服务体系，发行与物流电商服务的合作既可以提高报纸的发行效率，又可以提高物流电商服务的收益。

9.3.3 财务状况比较分析

由表9-12、图9-13和图9-14可知，浙报传媒自2012—2016年以来，其收入和净利润都呈不断上升的趋势；而粤传媒的营业收入以及净利润则呈急速下降的趋势。这主要是因为浙报传媒选择的盈利模式使企业开展了很多新媒体业务、抢占市场先机使得企业五年来的收益都呈上涨的趋势，而粤传媒选择的盈利模式使企业更多地偏重于传统媒体部分，以传统业务为主，大胆的尝试不足，导致企业近五年来的收益呈下降的趋势。

总体来说，浙报传媒所选择的盈利模式使其在报媒行业急速衰退的情况下也给企业带来更高收益，尤其16年的"四位一体"盈利模式让浙报传媒成功升级创新，剥离报业使公司转型成为互联网数字文化产业集团，继续走在主流文化产业集团的前列。

表9-12 浙报传媒与粤传媒盈利状况对比

单位：元

	浙报传媒				
项目	2012	2013	2014	2015	2016
营业总收入	1437957163.64	2355749206.42	3065947293.03	3457549774.98	3549931789.53
营业总成本	1178241559.52	1900024984.17	2528868836.36	2974860346.59	3224386406.09
营业利润	269911626.53	498511519.03	612550，860.75	901432511.91	917693198.73
利润总额	283180383.31	529295830.30	674225522.58	950272425.18	1089914004.80
净利润	280335745.81	493041532.62	611465019.51	882448893.44	1025130081.65

续表

粤传媒					
年份	2012	2013	2014	2015	2016
营业总收入	1880732906.15	1671006919.74	1515137946.51	1292250265.62	1020829592.72
营业总成本	1655213758.02	1401031203.47	1990844151.68	1796735922.28	1228139282.42
营业利润	276331897.78	311457185.08	−424097032.07	−435710349.00	−159662306.19
利润总额	276315958.91	307595667.86	−427519481.82	−446793974.79	184958001.06
净利润	275330840.02	309140060.42	−448718956.45	−445569951.03	186306074.74

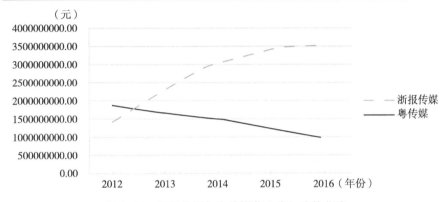

图9-13　浙报传媒与粤传媒营业收入趋势曲线

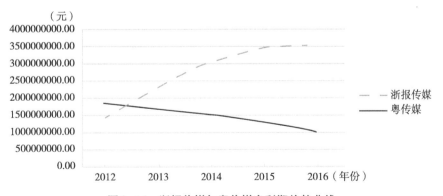

图9-14　浙报传媒与粤传媒净利润趋势曲线

第三篇

我国传统期刊与
数字新媒体的融合发展研究

　　媒体实力是文化软实力的重要组成部分，得益于数字技术、信息技术的发展，新媒体成为传统出版传媒传播发展的新载体、新平台。媒体融合发展已经成为全世界媒体共同面对的一场"风暴"，媒体的融合发展已成共识，传媒产业的融合趋势风头正劲。

　　早在2015年3月15日，李克强总理在十二届全国人民代表大会第三次会议闭幕后，会见中外记者并回答记者提出的问题时说道："站在'互联网+'的风口上，顺势而为会使中国经济飞起来。"无独有偶，国务院2015年7月4日印发的《关于积极推进"互联网+"行动的指导意见》提出："'互联网+'是把互联网的创新成果与经济社会各领域深度融合，推动技术进步、效率提升和组织变革，提升实体经济创新力和生产力，形成更广泛的以互联网为基础设施和创新要素的经济社会发展新形态"。

　　不同于报纸、图书，期刊以其独有的方式在促进文化信息传播、丰富人们现实生活、实现学术交流繁荣及增强学界的学术研究活力方面，具有重要作用。我国的期刊行业作为传统媒介的重要代表，处于数字信息时代的"风口"，同样需要顺势而为，通过变革，大胆探索创新发展道路。以互联网、"互联网+"为代表的数字新媒体，标志着互联网时代的到来，促进更多的行业重视并学习利用互联网、新媒体，积极与数字新媒体融合发展。传统期刊与新媒体融合的过程，也是与互联网融合的过程。这其中两者产生的开放、互动、便捷等多元化的传播方式，有利于知识社会价值的传播，也有助于期刊本身在目前激烈的传媒竞争中实现优胜劣汰，为实现人们的幸福生活提供精神、智识支撑，并最终推动社会的发展进步。

第10章　传统期刊与数字新媒体

10.1　传统期刊出版与数字新媒体融合发展的必要性

10.1.1　个性化阅读需求的崛起

20世纪60年代，著名的媒介理论家麦克卢汉提出了"媒介即讯息"的观点："任何媒介（即人的任何延伸）对个人和社会的任何影响，都是由于新的尺度产生的；我们的任何一种延伸（或曰任何一种新的技术），都要在我们的事务中引进一种新的尺度。"科技的进步必然带来媒介的变化，我们接受信息的方式也必然会改变。

智能手机移动终端为我们的生活带来了超乎想象的便利，同时也提高了工作效率。随着新媒体的崛起，受众的阅读习惯改变，移动阅读、碎片化阅读、个性化阅读逐渐占据受众注意力。纸质媒介的单一形态及其所承载的内容和表达形式已无法适应媒体环境和受众需求的变化。

根据百度发布的2015年《移动互联网发展趋势报告》，在生活服务方面，用户在移动端的付费意愿高于PC端，其中移动智能手机用户与PC端用户的阅读付费意愿相比较，前者比后者高1.1倍；用户每天查看手机的时间为155分钟，用户一天要查看手机53次，人们对手机的依赖日益加重。中国互联网络信息中心CNNIC《第40次中国互联网络发展状况统计报告》统计显示，网民的手机应用使用率中，新闻搜索占据了83.1%的比重。

传统期刊的天然自带属性，已经无法满足消费者与受众的移动阅读、个性化阅读需求。

10.1.2　购买、携带、功能的便利性

移动智能手机的普及最大限度地为受众和消费者带来了便利。无论在携带方面，还是功能阅读方面，纸媒都需要向数字新媒体和互联网靠拢，并寻求变革。

目前，我国落后的期刊零售销售体系，无法与互联网渠道的便利性相对比。其次是携带的便利性，纸质期刊的不利于携带是毋庸置疑的问题，而智能手机的 APP 应用足可以容纳数百个期刊。同时，"相比于移动网络终端数字内容所拥有的拷贝、分享、收藏、评论等复合功能，纸媒单一的阅读功能就显得微不足道。"（刘雨涵，2014）

10.1.3　技术给予期刊腾飞的翅膀

根据摩尔定律，一个产品附带的技术因素越多，它所携带的信息传播维度越细致，性能越完备，受众体验更好，心理上所感知的商品附加值也越大。因此，新媒体产品遇上传统呈现内容的产品，两者价格相当，受众必然会选择多元化的内容产品。

同时，技术进步带来了边际成本的大幅降低，相应的产品价格也会越低。在这一点上，新媒体与纸媒成本和利润空间的对比，前者具有碾压级别的优势。技术进步也使得全媒体内容产品在获得方式上有极佳的便利性。同时，传统期刊刻板的印刷风格，在数字新媒体的有声、立体、影像世界中黯然失色。

在反馈交流机制上，数字新媒体的社群式互动、聊天群、交互式阅读、非线性阅读等方式，直接提高了阅读效率和阅读体验，这些都是传统期刊无法比拟的。

10.2　数字新媒体对传统期刊出版的影响

10.2.1　增加用户黏性

"QQ、MSN等聊天工具缩短了人与人之间的距离，Uber和滴滴专车将出租车与人连接起来，微信用摇一摇连接了周边，支付宝用点一点连接了商家。未来，是一个无社交不商业的时代。"就出版业而言，互联网思维，其核心就是"连接"。我们不断探索视频、微博、微信等新媒体技术，要实现的最终目的就是信息与人的连接。不仅在于技术上的成就与突破，更是希望连接的端口更多，连接用户的范围更大，"最终采用何种技术出版不是目的，关键要看是否能实现用户与用户、用户与编辑、用户与信息的连接"。借助移动互联技术，期刊杂志社可以通过微信公众号与作者进行实时交流，作者可以通过查询功能了解自己的稿件状态。技术简化了用户获取信息的流程，极大增强了用户与杂志的黏性，提升了他们对杂志的热情和信任。（彭芳，2016）

10.2.2　消解权力

管理学家德鲁克说过："互联网带来了零距离，这是它最大的影响。"传统媒体传播效率的影响，在受内外因素制约的传统商业形态中，"生产者主权"问题突出，换言之，期刊编辑不仅引导着它的受众，甚至是主导受众能够看到哪些内容，而受众受制于此，只是沉默的大多数。

从互联网发展进化的阶段可以认识其消解权利这一过程。

互联网的发展从连接人与信息的Web1.0到连接人与人的Web2.0阶段，受众和消费者成为信息流动的推动者。在Web2.0阶段，互联网开始进入一个更加开放、交互性更强的时代，由用户决定内容并参与建设的可读写阶段。加上互联网的规模效应，读写功能使得人际沟通、商务沟通变得更直接、更便捷，实时链接让人收到信息反馈和参与其中的成本持续降低。互联网的Web3.0阶段讲求的是个性化、是筛选，是跨平台的内容共享、优质精选个人化的内容，并且把内容依据使用者的喜好和社交行为来呈现。除了消费者主动设置自己的喜好，Web3.0时代的基于互联网的进化规律，从交互性到技术支撑角度出发，企业或互联网平台已经开始利用大数据、云计算主动为消费者提供个性化的服务应用（张养志，2016）。

这些累加效应，使得"消费者赋权"开始萌芽，这也是消解权力的开始。

10.2.3　媒介的传播特性改善

不同的媒介拥有不同的传播特性。期刊有限的版面承载的信息量亦有限。互联网新媒体拥有的无限扩展的存储空间，使其不拘泥于一本杂志的空间。新媒体环境下，数字化技术使媒介间的边界日益模糊，其他形态的媒介及其承载的内容，都变成了可以共享传输的数据。突破了时间、空间的束缚，新媒体为信息的传播、保存提供了更多选择。这些都是媒介融合的可能性和基础，也是媒体融合的方向。

10.2.4　接收终端趋于融合

据调查，截至2017年6月，我国手机网民规模达7.24亿，较2016年底增加2830万人。网民中使用手机上网的比例由2016年底的95.1%提升至96.3%，手机上网比例持续提升。上半年，各类手机应用的用户规模不断上升，场景更加丰富。这一庞大的互联网用户所获得的服务和信息，通过移动应用和网页网站等都可以得到满足。这些便利性使得人们在任何一个需要的情景中，都可以得到想要的信息。智能手机作为方便的移动终端顺应了信息碎片化趋势，为越来越多的用户所接受，它既可以作为移动通信工具，又可以将各种信息符号承载其中成为阅读终端，也承担了"移动钱包"和"移动银行"等生活场景的角色。移动智能手机功能的不断丰富是媒介接收终端趋于融合的证明。

第11章 传统期刊的数字化历程与融合创新路径

11.1 传统期刊的数字化发展历程

随着互联网、移动互联网技术的不断更迭及广泛推广，新闻、财经、时尚、学术等各类期刊杂志逐步意识到数字业务的巨大潜力，确认数字技术的发展及数字产品市场的开拓是其发展的现实基础及未来希望之所在，纷纷开启其数字化进程。

11.1.1 PC端建设

在期刊的数字化进程开启阶段，反应敏锐的期刊杂志为更好地应对市场竞争，纷纷推出了自己的官方网站，迈出传统期刊与数字媒体融合发展的第一步。期刊杂志的PC版一般追求与纸媒内容、版式完全一样，力图使读者享受原汁原味的原版阅读乐趣，如《三联生活周刊》。其电子杂志除在自己的网站销售外，读者也可以通过悦读网、读览天下等订阅渠道购买阅读。相较于纸质版，其电子杂志可以实现自由翻阅、缩放下载、保存等，十分便捷，且价格更加优惠。

传统期刊企业建设官网平台，发布网络版期刊供读者浏览，其目的不仅限于扩大期刊的影响，扩大期刊杂志销量。如《大众摄影》杂志借助网络平台，加强了与用户之间的联系，搭建了与用户间交流沟通的平台和渠道，互动的实效性大大提升，随时随地都能了解到用户间的交流内容及用户所反馈的意见或建议信息（唐若晗，2016）。网站建设则使《第一财经周刊》跨出了其数字化进程中的重要一步。并随同第一财经传媒旗下的日报、电视、广播等完成了其多媒体平台布局，为日后发展打下了坚实的基础。

11.1.2　移动端建设

随着移动互联技术和移动智能终端的发展，在PC用户增长趋于平稳放缓的大趋势下，手机、平板电脑等移动智能终端的用户数量急剧增加。

2010年，《南方都市报》、《南方周末》在苹果系统上开发了客户端。2011年，《第一财经周刊》顺应形势变化推出了手机和iPad的双端APP应用。其中，iPad版应用成为苹果商店最畅销中文电子杂志，一经推出下载量就高达350万次。当前，《第一财经周刊》、《三联生活周刊》、《南都周刊》、《新民周刊》、《中国国家地理杂志》、《周末画报》、《凤凰周刊》、《新周刊》、《时尚·芭莎》《中国新闻周刊》、《壹读》、《Timeout上海》、《Timeout北京》等传统媒体杂志都相继在苹果、安卓等操作系统中开发了客户端，许多杂志App表现优异（向玉萍，2014）。截至2015年7月《三联生活周刊》在安卓市场的总安装次数为37万次，《壹读》、《Timeout上海》、《Timeout北京》在VIVA畅读的订阅数量分别为38.9万、18.9万、6.4万（郭玉环，2016）。

11.1.3　社交平台建设

作为最具互动性的社交产品，微博、微信这两个社交平台快速崛起，并成为移动互联时代人们获取资讯的重要渠道。顺应这一趋势，无论本身的定位、层次、地域为何，新闻、财经、时尚、学术等各类期刊杂志纷纷开设新媒体社交平台，在传统杂志的数字化转型中进行了另一番有益的探索和尝试。

微博及微信均同时支持文字、图片、视频，因此在推广及展示期刊杂志品牌价值、品牌文化，推介期刊杂志内容时能够做到图文并茂，用户体验度良好。微博和微信能够拉近期刊杂志与用户群体的距离，既有利于保持老用户的忠诚度又有利于培养新用户。《大众摄影》杂志开通了微博账号和微信公众账号，定期推送摄影相关的理论知识与摄影作品，并且推荐与摄影相关的器材，以供广大摄影爱好者们参考（唐若晗，2016）。通过这两个社交平台，《大众摄影》提升了与用户的黏性和交互性，丰富了自身的传播渠道。《博物》杂志运用以微博为主，微信为辅的新型整合营销传播方法吸引了一批忠实的顾客，也正在以其自身魅力发展着新的目标受众。2015年新增开微信公众号，推送阅读量平均10 000+人/条。@博物杂志微博截至2016年4月拥有粉丝333万，微博平均评论量1 500条（谷明杰，2016）。

11.2　传统期刊与数字新媒体的融合创新路径

数字技术的发展为期刊行业的发展带来无限想象力，也造就了传统期刊行业的各种勇敢开拓及尝试。

11.2.1　出版模式创新

市场销售数字已经证明了具有价值和想象力的内容产品，在与移动网络技术融合后会变得更有活力。全球APP大致分类用户覆盖率及活跃度的分布情况，充分说明了移动互联网和APP在我们生活中占据的重要位置。APP前所未有的整合性、集成性和改进性的特点适合当下即时性、互动性、广泛性的新型传播环境，并成为新媒体时代能够影响全局走向的重要因素。相对于微博、微信，在移动互联网时代，App是期刊数字化出版的最佳形式。

根据呈现方式的不同，传统期刊出版商的App可分为以《南都周刊》

《南方人物周刊》《南方娱乐周刊》等为代表的独立型APP和以《三联生活周刊》《外滩画报》为代表的整体型APP两类。独立型期刊App与纸刊同步出版，内容大多来自于纸刊，且采取独立成册的包装形式。[8]为提高用户活跃度，迎合广告主的需要，整体型期刊App可以取消"期"的概念，将期刊内容打散，重新编排，逐日更新，以更好地满足移动互联时代受众对于内容产品及时性、碎片化的阅读需要。整体型期刊App对于期刊出版商的内容编辑和技术水平提出更高要求，而且，在APP的升级换代中，传统期刊出版商已在逐步调低纸质期刊内容比例，将新媒体部门采编的原创性内容投入进去，使其更富活力。

11.2.2　营销模式创新

数字新媒体以其"轻内容"及"互动性"吸引了大量年轻读者的关注，其高信息量及快速传播特征，也使众多广告主趋之若鹜。传统期刊通过与数字新媒体融合进而进行营销模式创新大有可为。

（1）在数据中挖掘需求和价值。

媒体融合中，之于传统媒体而言，最为有价值的是基于数字技术形成的庞大用户数据库。期刊出版商可以在大数据中挖掘需求和价值。基于数据分析寻找新的细分市场，捕捉新的市场需求，明确自身定位，实现品牌的精准营销，是各期刊出版商致力于努力寻求突破的发展方向。目前，在互联网影响下成长起来的新一代互联网网民，已成为消费的主力军。通过对自己核心用户的数据分析，传统期刊出版商的各类营销活动更加精准，更加具有针对性。如瑞丽社区已拥有庞大的注册用户，其数字网络、手机媒体等都拥有数量极其可观的注册会员，将这些信息与瑞丽原有的平面杂志会员汇总整合，就形成了独一无二的瑞丽数字化用户数据库。这也有利于瑞丽最大限度地收集、记录、分析用户的行为轨迹和兴趣所在，敏锐地发掘新的市场需求，挖掘客户价值。

（2）不断探索新的网络营销模式。

数字互联网技术使纸质杂志期刊与新兴媒体融合发展，传统期刊企业积极利用新媒体平台推动自身内容的多渠道、多平台输出。如瑞丽利用自身强大的网站平台资源自行发行电子杂志，也在多个平台不遗余力地推广，或与移动运营商合作进行发行等，不断摸索新的营销模式。

（3）以消费者为中心的线下活动。

以数字营销为主的线上活动和以消费者为主的线下活动是期刊杂志营销的两个重要途径，缺一不可。

以热点话题与消费者形成良好互动被证明是行之有效的措施之一。在互联网上成长起来的新一代消费者，与各类期刊的目标受众具有高度的重合性，如何吸引他们的注意力，捕捉他们的阅读兴趣点，了解他们的阅读兴奋点是和他们进行良性互动的关键点。开展商业活动制造热点话题，或者跟进社会热点话题，是与期刊受众形成情感共鸣的有效途径。其优点是能够在较短时间内汇聚注意力，形成轰动效应，从而快速扩大期刊品牌的知名度和影响范围。

以公益活动提升媒介公信力是有效措施之二。公益活动营销同样能为期刊机构或企业集团带来无形的财富和巨大的社会效益。公益活动形式多种多样，主要通过纸媒、互联网新媒体、广播电视媒体等进行受众的全面覆盖式传播。全方位、立体化的互动式宣传，可以强化受众记忆，调动其参与和互动的热情，在潜移默化中提升媒介的品牌影响力、公信力。《时尚》杂志赞助的"防治艾滋病慈善晚会"是一个典型案例。2015年以"我们在一起"为主题的慈善晚宴，汇聚了来自全球十一个国家的驻华大使、社会名流、体育冠军、影视明星等，这些具有一定社会影响力的耀眼名人共同为中国的防治艾滋病事业筹集善款。同时，慈善晚会的承办方凤凰卫视、凤凰周刊、凤凰生活杂志作为记录华人生活、传播华人精神的媒体，以华人的视野关怀国人的生活，表达了对国人善与爱的主张。同时，这也为凤凰旗下的期刊杂志带来极高的曝光率，带来了千金难买的品牌认同。

11.2.3 管理模式创新

传统媒体时代期刊杂志多为单线条的垂直型管理结构，优点和缺点都十分明显。但是随着科技的进步，媒介产品的多样化，以及传统纸媒与互联网新媒体的融合发展等要素变化，传统期刊出版商的管理工作更加复杂化，原有的管理模式面临挑战。

技术的创新必然带来管理制度的创新与组织结构的变化。传统期刊杂志与新媒体业务的交叉性模糊了原有部门的界限，使单一的组织机构的生产活动涉及更多平衡和调节，管理结构呈现网状交叉特点。比如，数字化媒体形态下产品的定时发布更新，对服务性的互动社区、博客、论坛日常的管理维护都是需要同时兼顾的项目；组织机构品牌信息的传播，基于数字新媒体信息库的数据分析、数据挖掘需要兼而有之。传统期刊出版商与数字新媒体的融合发展，让现行的组织机构管理目标变得更加多元化，组织内部运营工作的正常进行要兼顾部分和整体的利益。因此，平衡处理复杂交叉的业务，协调多方利益成为组织管理的关键。

11.2.4 盈利模式创新

在我国，发行、广告和品牌营销是传统期刊的三种主要盈利方式。品牌营销作为较为"高级"的营收模式，应用并不广泛，传统纸质期刊的主流盈利模式一是期刊销售收入，二是广告销售收入。但是由于受众较窄、发行量较小、发行成本的上升，以及新媒体对受众的分流作用等不利因素，一些期刊为节约成本陷入缩减发行量的恶性循环中。因而使得这两种依附于纸质媒体的盈利模式也逐步式微。数字新媒体技术赋予期刊传统盈利模式以新的含义，传统期刊与数字新媒体融合发展过程中不断有创新性表现。

　　品牌是期刊在业界的无形资产。在品牌经营方面，传统期刊出版商仍可大有作为。官网的精心主题策划、双微形式的自媒体服务平台、建立与读者和专家的近距离密切关系等方式都是对期刊品牌的有效经营和维护。与数字新媒体的融合使传统期刊尤其是专门类期刊通过品牌经营，成功跨界涉足电子商务及衍生产品销售。如对于户外运动爱好者和摄影爱好者而言，《国家地理》不仅是一本纸质期刊，与其相关的产品和服务——图书、摄影、旅游、户外用品等所形成的巨大的产业链也承载着他们外溢的关注和热情。

第12章 融合创新中的矛盾、突出问题与意见建议

12.1 融合创新中的主要矛盾与突出问题

12.1.1 传统期刊的数字化转型中存在能力短板

期刊出版商要进行数字化转型，与数字新媒体融合发展，就势必要面对自己并不擅长的技术领域。传统期刊在与数字新媒体的融合中已开始同时应对优质内容生产与数字新媒体技术支持两大核心问题。

移动互联网时代并不是以量取胜的时代，优质的信息内容仍然是期刊等出版企业的核心竞争力。互联网时代反而更加放大了"内容为王"的要求。作为一直以优质的内容生产为己任的传统期刊出版商，如何保证自己输出的信息对受众有价值，如何吸引受众关注是移动互联时代其必须积极应对的新难题。

数字技术目前是传统期刊出版商的一个软肋。网站、App、微博、微信的建设、开发、持续运营、维护等对从业者的教育背景及个人素质提出较高要求，目前传统出版商在这方面的力量储备相对薄弱，有些工作只能由专业公司协助完成。

12.1.2 期刊数字化转型中的版权保护机制不到位

产品经济价值的变现是所有合作方关注的焦点，版权就是出版过程中双方面临的最大问题之一。新媒体时代是一个版权社会，新媒体技术给现代版权保护制度带来的冲击全面而深刻。数字出版的版权不能得到充分保

护，数字出版的技术手段、授权模式和保护体系等版权保护机制不完善，网民缺乏正确的版权保护意识，缺少一个社会范围的健康运营环境等，都导致数字出版的产业链无法正常的循环（欧阳斐斐，2016）。

尽管我国在传统媒体与新媒体版权保护方面已做出不懈努力，但与融合发展中的期刊出版商所需要的健康的网络环境、健全完整的版权保护机制比还有明显差距，是行政管理部门迫切需要解决的难题。

12.1.3　传统期刊的商业运营模式尚需持续优化

数字技术的发展有利于不同于传统期刊的商业模式的发展。新媒体的成本优势使得传统期刊固有的运营模式开始被挑战。目前来看习惯使用免费信息的中国网民增加了期刊成熟商业模式形成的难度。同时，期刊数字化的营利渠道较为单一，对创新收入模式的探索也不够，商业发展模式尚不成熟，这些都对期刊的发展速度与规模造成了不利影响。

经过几年发展，目前期刊的付费内容多停留在以第三方付费的方式供读者阅读，远没有成熟。如何将B2B模式转化为企业（出版商）对消费者（读者）营销的B2C模式，出版企业如何直接接触自己的受众群体，掌握有关受众的第一手资料，真正实现以受众为中心，是值得我国传统期刊探索的重要问题。

12.1.4　期刊APP的专一发展与富媒体属性的矛盾

从实践来看，在技术上可集文字、图片、声频、视频于一体的富媒体型期刊App，为传统期刊出版商带来的并不是纯粹的机遇，也夹杂着矛盾与困惑。

App属于轻量型应用，比较适合以单一的媒介元素为传播内容，在技术上也较易实现，因此大多期刊出版商选择了向专精方向发展。如《时尚色莎》《周末画报》等主打图片内容的时尚类、摄影类的期刊App，《南都周刊》《外滩画报》等主打文字内容的新闻综合类的期刊App，以及专业的视频App和专业的网络广播App。但是期刊APP的专精发展与富媒体属性之间存在着天生的矛盾，并未充分挖掘出其全部的潜能。《外滩画报》APP曾经想将采访视频融入App之中，但是文字内容和视频内容完全是两种不同的编辑思路，如想实现视频与文字的完美融合难度很大，对传统期刊出版商的策划与制作能力提出了更高要求（刘雨涵，2014）。

12.1.5　期刊行业的人才向新媒体"迁徙"

数字新媒体对传统出版商的冲击除了受众注意力的转移外，与其他行业类似，在积极拥抱互联网及移动互联技术，实现产业升级的过程中，人才成为制胜的一个关键因素。

传统传媒行业的从业者，从记者、编辑到管理层，由于大环境、薪酬福利、制度管理、职业发展规划等各类因素，出现了向互联网传媒迁徙的新趋势。诸多传统媒体企业的大咖加盟新兴的网络平台媒体就是这个趋势的证明，专业高素质人才的持续流失将给传统期刊出版商的未来发展造成潜在隐忧，必须审慎对待。

12.2　传统期刊与数字新媒体融合发展的对策建议

12.2.1　找准着力点，增强核心竞争力

在与新媒体的融合中，传统期刊如要寻求经济效益和长远发展，就应当找准业务重心及主要的着力点。

（1）细分市场，精准定位。

顺应传媒受众的信息需求的多元化趋势，市场细分成为传媒发展的基本方向与要求。

通过分析受众需求差异，可以实现期刊品牌的精准定位，有利于期刊

的品牌差异化发展。比如，"《ELLE世界时装之苑》在发展之初就将品牌定位于高端市场，为消费者展现的是欧美国际流行的奢华时尚内容。与之相对的，是《瑞丽》一直坚持实用性与东方时尚的品牌理念，市场定位为18~35左右的年轻时尚女性提供形象顾问服务。"（王欣然，2013）两者根据其需求差异性对市场进行细分，找到定位市场利基点，提供差异化的产品服务。率先发现新的消费增长点的企业，通常能够获得市场的嘉奖。

（2）精心策划，内容为王。

内容建设是所有传媒文化产业赖以发展的根基，传播形式与媒介形态只是使得呈现的方式不同，优质的信息内容始终是获得市场和受众认可的通行证。

专业化期刊应该是当下杂志转型中，最容易找到捷径的类型。比如，以商业为主的《经济学人》《彭博商业周刊》，以人文地理为核心的《国家地理》、《孤独星球》，这些专业化期刊只要抓住专业化读者这一小群受众，精益求精地优化内容和服务，提供一系列服务读者的产品自然可以留住用户，并逐步扩大读者群，得到更为长远的经济收益（徐妙，郭全中，2016）。

12.2.2　加强版权保护，盘活版权资源

（1）加强版权保护的立法。

我国正处于互联网初级发展阶段，互联网行业发展正呈现出蓬勃的生命力，行业整体的自律性明显不够。视频网站在版权保护方面的先行经验，为纸媒提供了很好的借鉴。

目前在互联网上，我们缺少对作品版权的强有力的法律保障。互联网经济可以说是建立在诚信基础上的经济模式，互联网立法的完善和信用体系的建设情况对互联网经济的发展影响深远。另外，在加强政府监管和立法监督等强制管理的基础上，国家应该鼓励互联网行业自主探索，形成以

行业自律规范为补充的治理体系，促进互联网消费诚信体系的建设。

（2）科学合法进行版权开发。

英国著名文化产业专家霍金斯曾经说过，"版权是文化产业可流通的货币，可创造经济价值。"例如曾红遍全国的《步步惊心》《仙剑奇侠传》等网络文学，其所衍生出的电视剧、电影、游戏等周边产品带来了大量的经济收入和流量。期刊虽不同于图书出版，但是依然需要充分做好版权保护，实现附属版权的开发赢利，利用委托、授权等多种方式，对原创版权进行跨行业、跨领域的版权增值开发。

12.2.3　探索互联网环境下期刊与富媒体的融合发展

"互联网+"下期刊出版工作的创新，首先在渠道的拓展，其次在数据的利用，然后是技术的更新迭代。

媒介社交化使得内容越来越呈现出即时、互动、分享的特点，信息传播的方式也必须要顺应趋势，以碎片和聚合的方式抓住受众的时间和注意力。期刊的内容编辑、发行和传播方式更是要顺应趋势，并主动寻找自身媒介显性和隐形的受众。在选题、传播渠道、呈现方式上更多地去适应受众需求。

对包括期刊在内的所有传统出版来说，立足主业，寻找新的利润增长点都是一门发展中的必修课。期刊出版也要顺应趋势，整合自身已有资源，真正发挥互联网对推动传统期刊出版转型发展的能量。

12.2.4　人才发现与管理创新

互联网时代的人才管理需要在人才发现、发掘上创新。对人才发现的途径完全可以扩展到全媒体中，在多种媒介上广泛搜求。互联网时代发现人才方式众多，比如，期刊在数字化再造的过程中，编辑可以在企业自有的各种网络后台深入发掘用户中潜藏的人才；也可以在微信、微博、社交平台等各种互联网社交工具所自发形成的各种自媒体圈、互动圈发现企业需要的人才。

任何的激励考核体系都是为了更好地凝结团队力量，更好地完成工作。现代企业的竞争最终就体现在人才的竞争上。人才是传统期刊业最积极活跃的要素，创新的激励考核体系一定要能够激励从业人员积极拥抱互联网，拥抱变化，不断提高自身的综合素质，促进行业良性发展。

第13章　传统期刊与数字新媒体融合发展的对策建议

新媒体的出现逐渐改变了受众的阅读习惯，用户的行为习惯发生了改变，不适应互联网传播的内容很难生存下去。

期刊行业面对自身的成本上升，用户、客户流失，广告费用被新媒体截流的窘境，需要积极迎变，寻求合作。变革孕育伟大，对当下的期刊行业而言，既有挑战也存在机遇，媒介融合为传统期刊提供了绝佳的突围之路。

13.1　补足专业技术的短板

13.1.1　培养企业的技术人才

传统期刊行业的组织机构领导者可以选择通过招聘、外派学习等方式获得企业需要的技术人才。

身处数字时代，技术人才在拥有专业技能的同时，也要有快速取得、理解、分析、诠释和表达各种信息和想法的能力，以及增强应用信息的能力。因此，企业对技术人才的培养也要关注其对信息科技和人文、社会互动意识，使其也能适应并跟上信息时代种种新的沟通需求。

13.1.2　整体进行技术外包

整体的技术外包在补足企业技术短板的过程中十分重要。《外滩画报》与深圳蜂巢科技合作开发APP，与自主开发的《南都周刊》APP对比，其功能设置更加完善，系统更加稳定，用户体验也更加优质。期刊出版商拥有丰富的信息资源、渠道资源和专业的采编能力，在移动互联网时代他们应当集中精力扮演好内容供应商的角色。比如,《外滩画报》APP 截至2013年8月,所有版本下载量总和约为170万,凭借下载量数据实现了300万的年广告收入目标。

13.1.3 明确转型中自身的重心及定位

我国期刊的数量众多,但是"马太效应"明显。我们有句俗语说的是:"大河有水小河满,小河有水大河满"。我们既需要有优秀的标杆式、榜样式,具有号召力的品牌企业,也需要期刊行业整体实力的增强。只有这样,才能达到传统期刊与数字新媒体融合发展的目标,实现融合发展的意义。

1.寻求业务重心转型

传统期刊如要寻求经济效益和长远发展,就应当寻求业务重心的转型。

严肃专业类的新闻刊物,如新闻期刊应该更多与新媒体、社交网络相结合,增强趣味性、时效性,要寻求多元终端的互动和鼓励用户自发的公民新闻产出。

另一方面,以深度新闻作为核心的新闻杂志不应该摒弃原有的深度调查态度。

美国"博客新闻"出身的《赫芬顿邮报》网站以WEB 2.0作为基础,充分整合网络社群资源,在深度报道和突发新闻报道上发力,并在这两个领域获得广泛的影响力和官方的认可度,以及随之而来得到众多的风投资金。"现在的《赫芬顿邮报》网站,以每天2500万的用户点击量成为全美最负盛名的政治博客网站"(徐妙,郭全中,2016)。

2.抓住专业化读者的口味

专业化期刊应该是当下杂志转型中,最容易找到的捷径的类型。比如,以商业为主的《经济学人》《彭博商业周刊》,以人文地理为核心的《国家地理》《孤独星球》。这些专业化期刊只要抓住专业化读者这一小群受众，精益求精地优化内容和服务，提供一系列服务读者的产品自然可以留住用户，并逐步扩大读者群，得到更为长远的经济收益（徐妙，郭全中，2016）。

3.抓住区域化服务特色

类似于《读者文摘》这样的生活服务杂志有太多可替代的产品。

《读者文摘》的网络社区服务平台"相比于普遍化的生活常识，人们更需要有针对性的区域化的知识信息帮助人们更好地利用当地资源，并进一步增加用户反馈"（徐妙，郭全中，2016）。

鉴于期刊的定位，《读者文摘》要做的就是提供更为全面的内容，更为优质的产品，整合一般读者难以搜集到的信息，积极与读者进行互动交流。

13.2　探索期刊行业更多的盈利点

13.2.1　内部：改革管理机制 降低合作成本

期刊出版社内部的采编部门与新媒体部门在工作模式和工作性质方面的差异很大。

真正的数字化转型是触及媒体内部的资源分配、媒体机构设置的专业化、新媒体人员分工细化、内部运作流程调整等一系列问题的变革，需要期刊社进行系统化布局，并逐渐优化管理机制，提高沟通效率。

互联网新媒体部门的内部运作模式，在管理方面机制方面更多地体现为部门职能的交叉融合，部门之间在工作业务上相互支持配合，并在人员调配上有一定的自由度，形成以事项为中心而非以部门为中心的模式去执行具象的任务。与此同时，相应的考核机制也要进行调整，"将工作范畴交叉执行，同时又将报酬收益捆绑在一起"最大限度地调动大家的积极性。

13.2.2　外部：主动出击 寻找新的盈利点

1.增值服务、创新性服务

期刊的产业可以拓展到更广泛的领域，尤其是专门类的杂志，完全可以通过探索电子商务及衍生品的销售找到独特蓝海。

对于广大的摄影爱好者来说，《国家地理》不仅仅是一本平面杂志，它背后还有旅游、摄影、图书、户外用品等等巨大的产业链。社交媒体营销的推广方式是专业特色期刊出版可以积极尝试的路径。基于社交网站和用户的社交媒体营销，在连接用户、与用户沟通上有天然方式，通过期刊与社交媒体的合作发布相关商业信息，或者在期刊自有平台上发布信息，具有较高的转化率。

2.品牌营销

品牌期刊可以尝试变"坐商"为"行商"，积极打造自己的品牌传播、活动营销，主动占据更大的市场份额。

品牌营销方式是品牌经营意识的集中体现，是期刊较为"高级"的收入模式。传统期刊需接受新媒体的技术优势，结合自身内容优势，以品牌营销为抓手，以专业内容为起点，丰富盈利增长点。

13.3　加强版权保护，盘活版权资源

13.3.1　加强版权保护的立法

我国正处于互联网初级发展阶段，行业发展正呈现出蓬勃的生命力，行业整体的自律性明显还不够。视频网站在版权保护方面的先行经验，为纸媒提供了很好的借鉴。

目前，在互联网上，我们缺少对作品版权的强有力的法律保障。在强调国家完善立法的同时，我们也需要对互联网政策的实施进行充

分的监督。

互联网政策制定部门需要完善互联网立法和信用体系的标准建设。互联网经济可以说是建立在诚信基础上的经济模式，互联网立法的完善和信用体系的建设情况对互联网经济的发展影响深远。互联网并非法外之地，消费者在享受互联网消费带来的高效便捷的同时，也要遵循并维护互联网法律法规的权威性。另外，在加强政府监管和立法监督等强制管理的基础上，国家应该鼓励互联网行业自主探索，形成以行业自律规范为补充的治理体系，促进互联网消费诚信体系的建设。

互联网政策实施部门也必须做到"有法可依、有法必依、违法必究"。互联网执法的过程，也是树立互联网法律法规权威、传播互联网法律意识的过程，借助数字媒介的传播效率，可以在间接层面促进消费者形成遵法守法的意识。

13.3.2　科学合法进行版权开发

英国著名文化产业专家霍金斯曾经说过，"版权是文化产业可流通的货币，可创造经济价值。"期刊虽不同于图书出版，但是依然要充分做好版权保护，实现附属版权的开发赢利，大力推进对已有原创版权的开发，利用委托和授权方式等多种方式对现有版权进行跨行业、跨领域的版权增值开发。

例如，曾红遍全国的《步步惊心》《仙剑奇侠传》等网络文学，其所衍生出的电视剧、电影、游戏等周边带来了大量的经济收入和流量。这就衍生出版权的重要性。由于期刊的专业性强，目标群体特定，更加需要加强版权经营和保护。

"互联网+"时代的数字出版，根据"二八效应"的理论，通过技术、思想、经营理念的转变，专业、深入人心的优质内容只会被更快速地放大价值。期刊出版机构要充分利用和发挥每种媒介形态的特点，优势互补，协同创新，实现媒体、产业的跨界融合，通过服务发挥品牌效应，实现社会效益和经济效益的双赢（谢文亮，等，2016）。

13.4　制造"品牌效应"，探索全新商业模式

13.4.1　品牌坚守，增强纸媒核心竞争力

1.细分市场，精准定位

顺应传媒受众的信息需求的多元化趋势，市场细分成为传媒发展的基本方向与要求。

通过分析受众需求差异，可以实现期刊品牌的精准定位，有利于期刊的品牌差异化发展。比如，"《ELLE世界时装之苑》在发展之初就将品牌定位于高端市场，为消费者展现的是欧美国际流行的奢华时尚内容。与之相对的，是《瑞丽》一直坚持实用性与东方时尚的品牌理念，市场定位为18~35岁的年轻时尚女性提供形象顾问服务"（王欣然，2013）。两者根据其需求差异性对市场进行细分，找到定位市场利基点，提供差异化的产品服务。率先发现新的消费增长点的企业，通常能够获得市场的嘉奖。

2.精心策划，内容为王

内容建设是所有传媒文化产业赖以发展的根基，传播形式与媒介形态只是使得呈现的方式不同，优质的信息内容始终是获得市场和受众认可的通行证。

首先，选题方面进行大胆探索创新。要紧扣社会热点的选题，挖掘具有吸引力和讨论性的话题。其次，在原创图片上下功夫。"读图时代"的到来，图像符号也成为建设期刊特色内容和自我风格的重要组成部分。同时，内容生产的全过程都要贯彻期刊理念，寻求产业发展的"蓝海"，开发空白市场的机会。

13.4.2　品牌创新：整合多方资源，扩展数字版图

1.内容定制

高品质、有特色、针对用户需求的内容是所有期刊数字化发展的核心竞争力。

传统刊物进行数字的转型通常会犯的错误之一就是新媒体成为纸媒产品内容的复制品。我们必须吸取瑞丽网站早期单纯复制纸质内容造成平面期刊发行下降经验教训。如今，瑞丽线上的内容仅有10%来源于纸质期刊。

2.内容资源管理

要探索建立专业化、特色化的内容资源数据库，对传统期刊进行数字化再造，进行内容资源的科学合理管理，即一方面加强数字资源的有序管理，另一方面实现所有的内容资源的数据资料的分类整理，对已有资源进行整合和优化。

3.渠道拓展与整合

首先，建立用户数据库。品牌价值包含着隐性和显性的价值，这些价值变现的背后都是客户价值的实现。客户是任何企业发展的生命线，所有的业务开展都应该围绕客户及客户需求进行，因此进行用户数据库建设，是维护已有客户关系、开发潜在客户价值这一目标实现的基础。

其次，进行新渠道开发。渠道包括自由渠道和第三方独立平台渠道，业务拓展要两条腿走路，既重视第三方渠道的拓展维护，也要重视自有渠道的建设开发。

13.4.3　品牌延伸：联姻电子商务，开辟全新商业模式

在资讯爆炸的时代，媒体更需要建立品牌认同。期刊的产业链不再局限于发行和广告，而是可以在更多的领域中、服务中释放价值。

1.强化期刊品牌延伸经营

期刊除了办好数字化出版外，应接入流量，利用社群维护关系，沉淀流量，并借助线下活动。例如，通过与科研单位、实验室合作，开展写作培训、召开座谈会、举办学术会议等将流量变现，在提升品牌的同时实现商业变现。

以中华医学会系列杂志为例，它不仅旗下有127种期刊，而且所有的编辑出版实现在线一体化服务：基于平台的大数据，根据会员的线上活动，如投稿、审稿、数据提交、学术评论、参会等给用户评分，创建客观量化的中国医学科研人员评价体系，将其作为期刊、院校和科研机构选拔人才的基础；另外，还创建了在线资讯、病例库、指南库、视频和同步会议直播，以及线下的继续教育培训，为科研人员提供全面的服务（彭芳，等，2016）。

2.期刊涉足电子商务

对于传统期刊业来说，电子商务是跨界的一个新业务，但是两者的碰撞融合存在巨大的商机，但又尚未完全开发的市场。如何将数字产品与商业结合，丰富传统期刊的收入来源，探索新的商业模式是个值得传统期刊企业探讨的议题。

期刊作为内容生产商，除了承担应用的社会责任、履行自身的义务之外，也要重视经济效益的实现，而涉足电子商务是实现经济效益、变现用户价值的便捷方式之一。

互联网进入下半场，流量红利已经被消耗得所剩无几，电子商务也从最初简单粗暴的流量时代转入运营时代。这意味着促使期刊与电子商务的结合需要用更多的精力和心思去做策划运营工作，以达到吸引用户、销售产品、增加用户与电子商务平台联系的目的。

期刊与电子商务结合不仅要利用电子商务平台进行信息分发、传播渠道的建设，更要借助电子商务平台对用户互联网消费数据的收集分析，去策划、运营、营销期刊的优质产品，让用户熟悉产品、购买产品、依赖产品。

期刊电子商务平台精细化的运营，还需要对期刊品牌进行人格化建设，考虑用户具体的购买、使用场景，并在视觉策划上进行大胆冲击性的设计。

互联网新媒体的发展，让期刊与商业的结合有了极佳的契机。各个领域的专业性期刊都可以在互联网的大环境下，依托电子商务平台发掘自己的经济增长突破点。

13.5　探索互联网环境下期刊与富媒体的融合发展

"互联网+"下期刊出版工作的创新，首先是渠道的拓展，其次是数据的利用，然后是技术的更新迭代。

13.5.1　建构柔性化的出版生产方式

"互联网+"下期刊出版的柔性化出版方式，与传统期刊固定化的出版模式不同，"柔性化出版模式是通过对数据的采集分析，有针对性地进行出版物内容的选择、编辑、生产、传播的出版过程，是在保证信息质量的前提下缩短出版周期、降低出版成本的一种按需出版"（朱德东，王仕永，2016）。

出版方式的柔性化有两个方面的要求。第一是期刊传播的信息的精准定位。对出版数据的研究，挖掘新颖的选题，针对群体、单位，甚至是个人需求定制期刊内容。第二是"按需印刷"，按需印刷的优点毋庸赘言，但是要实现期刊零库存、即时出刊和可选择的印刷模式，就必须要做好一系列的内容建设、数据分析、营销推广、成本控制等工作。

13.5.2　建立社交化的信息传播体系

媒介社交化使内容越来越呈现出即时、互动、分享的特点，信息传播的方式也必须要顺应趋势，以碎片和聚合的方式抓住受众的时间和注意力。

以小众媒体的期刊为例。小众特色期刊的内容编辑、发行和传播方式更是要顺应趋势，并主动寻找自身媒介显性和隐形的受众，在选题、传播渠道、呈现方式上更多地去适应受众需求。

"互联网+"下的期刊出版被赋予了更多社交化属性，这是对以往期刊出版过程中社交关系的深化和延伸。第一是期刊品牌延伸；第二是期刊的内容延伸；第三是服务的延伸。

13.5.3　创新期刊出版管理模式

在互联网新媒体的大环境下，"互联网"期刊出版本身就是一种新的出版生态。

一方面通过互联网技术与期刊出版过程的融合，创造出各种新出版生态，如 IP 写作、个性化出版、众筹出版等。互联网出版本身就对出版环境、出版技术、出版市场需求、受众需求变化的一个反映。

另一方面是期刊的跨界融合。对包括期刊在内的所有传统出版来说，立足主业，寻找新的利润增长点都是一门发展中的必修课。期刊出版也要顺应跨界融合趋势，善于把握市场的规律、用户需求及心理，利用跨界融合手段整合自身已有资源，真正发挥互联网对推动传统期刊出版转型发展的能量。

13.5.4　创新出版服务模式

严格来说，出版也是为受众提供服务的一种方式，只不过所提高服务的内容、方式区别于传统服务业。出版服务包括读者服务、内容信息服务等，强调为目标受众提供精准的、人性化的服务；增加出版产品、信息产品的丰富度，及时更新信息。

服务模式看起来是出版链上微不足道的一环，但是建立起高标准的服务要求、高质量的产品标准和服务标准，能够在细节上留住受众，并反哺期刊出版企业的作者团队。

13.6　人才培养与管理创新

传统期刊数字化发展的重要前提是改变旧的人力资源思维模式与管理模式，设立"一专多能"的复合型人才的培养方案。这要求从业者能力的全面性与系统性，因此，人才的储备和培养是期刊行业实现数字化转型的关键因素（谢文亮，等，2016）。

13.6.1　人才发现创新

互联网时代要想找到真正的人才，就需要在人才发现、发掘上创新。对人才发现的途径完全可以扩展到全媒体中，在多种媒介上广泛搜求。

期刊的编辑有得天独厚的优势，可以在接触作者与读者的过程中进行双向寻找。互联网时代发现人才方式众多。比如，期刊在数字化再造的过程中，编辑可以在企业自有的各种网络后台深入发掘用户中潜藏的人才；也可以在微信、微博、社交平台等各种互联网社交工具所自发形成的各种自媒体圈、互动圈发现企业需要的人才。

13.6.2　互联网编辑人才培养

相对纸媒而言，互联网背景下对编辑的要求更高。编辑除了具备必要的专业素养之外，高密度的信息接触与处理、快速的判断力等综合素养也必不可少。因此，要创新对编辑的培训模式，引入便捷高效的线上培训，并加大期刊的互联网编辑人才的培养和引进。

国家新闻出版广电总局已经将网络编辑资格培训列入培训计划中，这是对互联网编辑人才重视的体现。传统期刊的编辑要主动拥抱互联网、拥抱改变，将互联网思维的观念和习惯融入日常工作中。

13.6.3　绩效考核体系创新

任何的激励考核体系都是为了更好地凝结团队力量，更好地完成工作。现代企业的竞争最终就体现在人才的竞争上。

对期刊行业而言，对外要齐心协力构建起健康的生态环境，完善互联网出版的相关法律法规，知识产权保护等制度；对内需要建立起一套公平、公正、公开的、完整的人才管理与培养体系、绩效考核体系，以及有效的激励奖惩机制。

传统媒体行业的变化是互联网改变世界的一个切口，互联网对传统媒体做过的一切也会对其他行业全部做一遍。人才是传统期刊业最积极活跃的要素，创新的绩效考核体系一定要能够激励从业人员积极拥抱互联网，拥抱变化，不断提高自身的综合素质，促进行业良性发展。

第14章 媒体融合背景下《第一财经周刊》的数字化发展研究

随着数字技术和信息技术的发展，新媒体已经成为传统媒体产业传播发展的新载体、新平台。媒体的融合发展已成共识，传媒产业的融合趋势势不可当。在数字信息时代浪潮的大背景下，作为我国传统媒介重要代表的期刊行业，需要不断变革，大胆创新，在目前激烈的传媒竞争中实现优胜劣汰，为实现人们的幸福生活提供精神、知识支撑，并最终推动传统期刊行业的发展进步。

14.1 《第一财经周刊》概述

《第一财经周刊》于2008年2月25日由上海东方传媒集团有限公司（SMG）旗下的第一财经创刊发行（见图14-1）。上海东方传媒集团是由上海广播电视台发起出资并设立的，是一家台属、台控、台管的控股企业集团公司。其核心业务是传媒产业，同时集报刊发行、网络媒体等相关业务于一体，是国内唯一一家集广播、电视、日报、网站、杂志于一体的中国专业财经媒体公司。其旗下的财经板块，创办于2003年，提供财经新闻和信息服务，拥有电视、广播、日报、杂志、网站等业务。第一财经是我国目前最具影响力的专业财经资讯供应商之一，一直以为读者提供崭新而富有价值的商业新闻服务为特色。纵使在这个互联网信息爆炸的时代，它也仍然坚持这种态度。它以优秀的品质和良好的口碑，连续多年被评为"中国邮政最畅销报刊"。《第一财经周刊》一直致力于将自己打造成为全球最具影响力的财经资讯平台。

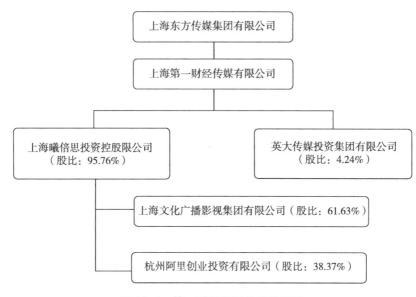

图14-1　第一财经公司从属关系图

14.2　《第一财经周刊》与新媒体融合的动因

随着科技进步，时间变迁，公众接受信息的方式也在发生变化。读者的阅读习惯的改变更是不争的事实，人们的注意力逐渐向移动阅读、碎片化阅读、个性化阅读方向发展，纸质媒介的单一形态决定了其所承载的内容以及表达形式，与当下受众多元化、生动化的表达需求无法匹配（刘雨涵，2014）。

移动智能手机的普及最大限度地为受众和消费者带来了便利。无论在获得、携带还是功能阅读方面，纸媒都需要向数字新媒体和互联网靠拢，并寻求变革。目前，我国的期刊零售基本依靠邮政报刊亭这样落后的销售体系，无法与互联网渠道售卖的便利性相比较。其次是携带的便利性，纸质期刊不便于携带，而智能手机则完全避免了这一缺点，在手机内存足够的情况下，以应用的形式可同时安装多个期刊客户端应用。

虽然大多数人的阅读习惯更加倾向于传统的纸质阅读，但是相比于期刊客户端在提供丰富内容之外还提供实用的功能，如评论、收藏、分享、批注等功能，纸媒单一的阅读功能就显得有些力不从心了。同时，传统期刊刻板的印刷风格，也在数字新媒体的有声、立体、影像世界中黯然失色。

根据"摩尔定律"所示，"当一个产品所附带的技术因素越多，它会使信息的传播维度也越细致，性能也越完备，受众除了有更良好的体验外，心理上所感知的商品附加值也越大。当处于同一售卖价格时，受众必然会抛弃单一而选择多元化的内容产品，这也就是纸质期刊与数字媒体期刊的区别"（汪小靖，2014）。相对于纸质媒体狭小的成本压缩空间，数字媒体的优势十分明显。

14.3　《第一财经周刊》的数字化发展历程

如图14-2所示，随着互联网的快速发展及普及，第一财经传媒迅速做出反应，于2007年10月为《第一财经周刊》注册了官方网站域名，这也是一直以传统方式发行的财经期刊向数字化迈进的第一步。《第一财经周刊》虽创刊较其他主流财经期刊更晚一些，但是在数字化的脚步上并不慢，其开设的第一财经周刊网站点击率很高，表现十分抢眼，并以独到的、有深度、有态度的原创商业新闻和深度解读等内容获得了互联网用户的青睐。正是在这一时期，《第一财经周刊》背后的第一财经传媒完成了集日报、电视、广播、期刊、网站的多媒体平台布局，为《第一财经周刊》打下了坚实的基础，如今的《第一财经周刊》已经收获了多媒体平台的果实。

图 14-2   《第一财经周刊》数字化发展历程

随着移动互联技术和移动智能终端的发展，在PC用户增长趋于平稳放缓的大趋势下，手机、平板电脑等移动智能终端的用户数量在急剧增加。2011年，《第一财经周刊》顺应形势变化推出了手机和iPad的双端APP应用。其中，iPad版应用成为苹果商店最畅销中文电子杂志，一经推出下载量就高达350万次。布局APP客户端，一方面能够融合媒体资源，开拓传播渠道与提升媒体影响力；另一方面，也为迅速抢占移动阅读市场，为数字化转型做好准备。同时，通过软件向订阅用户进行推送，可以方便用户更好地利用碎片化的时间进行阅读，增加了受众人群，并凸显了资讯的时效性。

随着以微博、微信为代表的社交平台的快速崛起，把微博和微信作为获取资讯的重要渠道的用户越来越多，加之自媒体对传统媒体的蚕食进一步加大，为遏制这一趋势的发展，《第一财经周刊》开设了微博账号和微信公众号。目前，以微博中最具代表性的新浪微博为例，《第一财经周刊》的粉丝为354万。通过这样的社交平台，《第一财经周刊》提升了与用户的黏性和交互性，同时也为自身传播提供了多种渠道。

14.4   《第一财经周刊》与数字新媒体融合创新路径

14.4.1   《第一财经周刊》品牌的数字化构架

多元化经营是指企业经营不局限于一种产品或者一个产业，而实行跨产品、跨行业的经营扩张[140]。期刊的多元化经营则体现为通过涉足不同的媒介形态，实现规模优势的扩张行为。相比其他财经类期刊，《第一财经周刊》背靠资本实力雄厚的上海东方传媒集团，在资本运营方面拥有得天独厚的优势，因此《第一财经周刊》在立体化经营模式转型上得以顺利开展，实现跨媒体形态的经营，从原本单一的平面纸媒发展成为期刊、门户网站、智能手机、平板电脑等不同媒介形态组成的立体化、多元化的资源配置共享和使用的数字化架构。《第一财经周刊》品牌的数字化发展是在原有的平面纸媒期刊品牌的基础上，依托上海东方传媒集团的资源优势，以数字新媒体为发展方向，衍生出新的品牌产品，提高用户的数量和受众读者黏性，如图14-3所示，从三个角度：第一平面纸媒的角度，第二网站平台的角度，第三手机等智能联网设备的角度，构建立体化多选择的综合系统产品形态构架，不但实现了对资源的充分利用及合理配置，同时还使《第一财经周刊》的品牌价值得到大大提升，增强了企业的竞争实力。

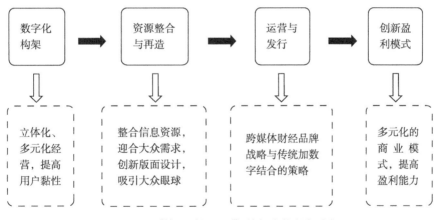

图14-3　《第一财经周刊》的数字化创新路径

14.4.2　内容资源整合利用与再造生产流程

在数字化发展之前，《第一财经周刊》品牌对拥有的信息资源，在传统的选稿审稿和文字修饰加工后，除了在《第一财经周刊》上使用外，似乎别无用途，由于传统平面期刊受到版面篇幅的影响，很多超出篇幅的精彩的、丰富的信息资源不能有效利用，这造成对优秀宝贵资源的极大浪费。但是在数字化发展后，数字媒体为《第一财经周刊》丰富的财经信息资源打开了一扇数字传播的大门，使其在资源整合利用，多媒介传播和增加品牌内容的丰富性等方面开创了前所未有的新纪元，形成一种内容丰富、渠道多样的信息资源整合成果。

《第一财经周刊》在内容设计上，无论是平面媒体还是数字媒体都秉承着期刊最初的定位，以年轻化、时尚化为主题贯穿始终，最突出的特色是迎合广大受众读者的阅读需求。在数字媒体的版面设计上，其设计风格以简洁舒适为主，以便更好地突出内容。以《第一财经周刊》的APP为例，整体页面内容设计简约、界面清爽，高度重视用户的视觉体验，每期周刊的封面也都是创意十足，可勾起读者阅读的兴趣。界面设计借鉴了Monocle杂志的设计理念，如每页七栏排布、大图、大量留白，空白处增添细小的设计元素，适当的时候添加风趣实用的图表等。这些都减少了传统杂志给读者的视觉压迫，简洁清爽并给人留下精致的印象，更进一步提升了阅读的便捷性（施磊，2013）。

14.4.3　运营模式与发行策略的创新发展

《第一财经周刊》的核心运营思路是一种典型的跨媒体财经品牌战略。《第一财经周刊》充分依托上海东方传媒集团搭建的电视、广播、报纸以及第一财经网站多渠道的跨媒体平台，将"第一财经"这一独特的品牌价值通过发行网络共享、收视人群共享、人力资源共享及产业价值链的共享打造出来（黄建原，黄奎，2010）。通过立体化跨媒体平台的支撑，《第一财经周刊》不但可以全面覆盖国内中高端公司人群，而且在保证最新的财经资讯内容获取的同时，还能提供有特色的原创财经资讯内容，保证了"内容为王"的目的。此外，通过微博、微信这一"双微"平台作为多媒介的拓展渠道，推广电子版的期刊订阅，实现盈利手段的多样化和效益最大化。

从发行上看，为了应对新媒体对传统媒体的冲击，《第一财经周刊》采取了传统发行方式加数字化发行方式相结合的策略。《第一财经周刊》在发行渠道方面的全面性比其他同类型的财经期刊更强，具有全方面的平台优势。同时，《第一财经周刊》为每周发行的期刊，为确保内容的及时性，通过发行电子版期刊，在"双微"平台及网站的内容推送等多维方式经营，避免了传统的采、编、印、发行时效滞后的缺点。这对于及时满足读者阅读需求、增强与读者之间的互动性，以及降低发行成本都是至关重要的。

14.4.4　盈利模式的创新发展

传统期刊业的主流赢利模式是期刊销售加广告代理收入，换句话说，也就是首先生产制作的期刊销售给读者，其次将受众群体注意力销售给特定的广告投放商完成"二次售卖"。在这种盈利模式下，传统期刊的收入渠道过于单一，加之不同类型的期刊只针对自己特有的一部分客户群体，期刊售卖的收入极其有限，主要收入渠道则是依靠广告收入。在数字技术和新媒体的大背景下，作为期刊的内容部分可以为企业带来多层次的产品内容销售，使传统期刊可获得多重收入，从而实现从固定单一的收入渠道向多变多媒介的收入渠道转变。《第一财经周刊》的数字化转型让原本一次性利用的内容资源得到再次利用，将单一的商业模式拓展为多元化的商业模式。这里主要体现在《第一财经周刊》的订阅付费内容。在新媒体业务中，周刊通过网站、iOS和Android等多个平台作为内容载体，借鉴了传统的纸刊理念，将纸刊原本的经典栏目中最精华的部分免费呈现给用户，以更好地吸引读者。当读者被这些原创内容吸引后，可以通过下载APP应用的方式付费下载成品化产品，花费远低于购买纸质期刊的价格而获得阅读全部期刊完整内容的权力，而购买方式可以是单期购买，也可以是长期的订阅。随着我国互联网付费模式的发展，期刊的受众群体有能力也愿意对期刊进行订阅。以iOS平台为例，在过去八年中，《第一财经周刊》APP在APPle Store的付费杂志排行榜中连续多年稳居前十位。电子期刊的内容与纸质期刊的内容几乎一致，发行时间也与纸质期刊同步出版。这种处理模式也是目前应用较为广泛的期刊客户端模式。

此外"第二次销售"的广告收入也是其赢利点。在数字化发展模式下，新媒体促进纸质期刊发行量提高的同时，也促使广告收入呈现出增长趋势。越来越多的《第一财经周刊》的广告商将其广告投放方式从单一的平面纸质媒体转向有更大受众规模的互联网、移动终端等。通过设置视频广告、内嵌广告、弹出广告等，将内容与广告进行有机结合，通过用户有效地访问和广告精准投递等手段，提高广告的点击率，进一步延伸和扩展杂志广告的版面空间，克服纸质杂志版面的不足（翟羽茜，安珊珊，2016）。同时，期刊根据不同定制内容的特点有针对性地植入广告内容，实现广告效率的最大化。

14.5　启示与借鉴

1.细分市场，精准定位

随着互联网时代信息需求越来越多元化的发展趋势，市场细分成为期刊业数字化发展的基本趋势与要求。而对财经期刊市场进行细分，通过分析受众需求差异，可以实现期刊的精准定位，有利于期刊的差异化发展，避免同质化造成的负面影响。比如，《财经》在发展之初就将品牌定位于高端市场，为商业精英人士提供财经内容。与之相比，《第一财经周刊》将自己的品牌定位于广大的普通公司人群，这一精准定位也让其在竞争激烈的财经期刊市场迅速站稳脚跟。两者根据其需求差异性对市场进行细分，找到定位市场利基点，提供差异化的产品服务。而先发现消费者新的划分依据的企业，就能获得市场先机与巨大利润。

2.内容建设，奠定基础

无论是平面媒体还是数字媒体，无论什么样的传播形式与如何变化的媒介形态，高质量、有特色、有独到视角的内容才是期刊发展的核心与根本。内容建设成为财经期刊品牌发展的重中之重。目前，财经期刊发展因其内容同质遭遇到发展瓶颈，而财经期刊要寻求品牌差异化，就需要在产品内容的创新上下一番功夫。首先，在选题方面进行创新。紧扣当今时代发展前沿的选题，是期刊内容吸引读者眼球的保障。其次，文章配以冲击性、视觉性、色彩冲撞强烈的原创图片吸引受众注意力。随着现代人们生活节奏的加快，人们越来越倾向于碎片化时间阅读，不喜欢阅读长篇大论，反而喜欢三五分钟就可读完的精短文章，再配上生动的图片更能有效刺激人们的阅读神经。伴随"读图时代"的到来，图片符号也成为财经期刊内容不可或缺的一部分。而财经期刊的封面图片是否具有冲击性成为吸引受众注意力的关键，也是期刊销售量的敲门砖。《第一财经周刊》就以其有特色的封面设计赢得广大读者的芳心。只有把关财经期刊的内容，才能使其在数字化发展的路上走得更远。

3.优化团队，培养人才

从《第一财经周刊》在移动端应用所呈现出的内容来看，大部分仍是纸质版期刊内容的移植，编辑与读者的互动性不强，读者的参与度不够，并没有从传统框架中走出来。对于财经期刊而言，许多目前仍是传统的编辑部模式，虽然增加了电子版的编辑队伍，但是无论从人员规模还是组织结构来看，都需要进一步探索谋求改变，以使自己的采编团队更加适应数字化的发展趋势。

人才培养和建设是传统财经期刊数字化转型的一个重要的前提条件。财经期刊行业的组织机构领导者可以选择通过招聘、外派学习等方式在企业内部培养相应的技术人才。一个财经周刊想要在数字化进程中获得成功，拥有一支核心的、相对稳定的采写编辑内容队伍是至关重要的。适当的人才流动是可以接受的，但是应确保其核心人员的完整性。在数字化浪潮的大背景下，技术人才在拥有专业的技能的同时，也要有快速取得、理解、分析、诠释和表达各种信息和想法的能力，以及增强应用信息的能力。因此，企业对技术人才的培养也要关注其对信息科技和人文、社会互动意识，使其也能适应并跟上信息时代种种新的沟通需求。更多突破传统的复合型人才的培养，能够最终实现数字一体化的内容采编和信息服务的平台构建，实现网络化传播和多媒体化经营。

参考文献

Alberts, 2000. Network Centric Warfare: Developing and Leveraging Information Superiority [M]. CCRP Serials Publication.

昂谷玉. 国家级出版融合实验室花落郑州,大河网,2017-06-19.

蔡雯,2005.新闻传播的变化融合了什么[J].中国记者(9).

蔡雯,2007.从"超级记者"到"超级团队"——西方媒体"融合新闻"的实践和理论[J].中国记者(1).

陈浩文,2006.再论媒介融合[J].网络传播(9).

陈敏,谢峰. 出版融合发展(时代出版)重点实验室揭牌,安徽财经网,2017-07-07.

陈香,看时代出版如何以产业联盟破解数字教育盈利难题,中国经济周刊-经济网,2016-04-14.

陈昕,2015.数字网络环境下传统出版社的转型发展[M].上海:上海人民出版社.

陈昕,2015.数字网络环境下传统出版社的转型发展[M].上海:上海人民出版社.

陈颖,陈玉霞,2012.传统期刊的数字化转型路径[J].四川师范大学学报(社会科学版)(5).

仇勇,2016.新媒体革命[M].北京:电子工业出版社.

Doyle,2002:Media ownership:Economics and politics of convergence and concentration in the UK and European Media:SAGF Publication.

戴维·莫斯拉,2002.权利的浪潮——全球信息技术的发展与前景[M].北京:社会科学文献出版社.

邓文斌,2016.全媒体时代期刊业面临的冲击与应对之策[J].传媒(1).

丁竞男,2011.美国期刊多元化经营启示[J].青年记者(2).

段淳林. 基于大数据的国内自出版平台化模式研究[J].中国出版,2016(15):38-41.

方卿.资源、技术与共享:数字出版的三种基本模式[J].出版科学,2011(1):28-32.

古来丰,2015.硅谷归来——中国在"互联网夹",美国已经进入"新硬件时代"[EB/OL].

　http://blog.sina.com.cn/s/blog_14b95fafc0102vn6b.html.

谷明杰.新媒体环境下的整合营销传播——以《博物》杂志为例[J].科技与传播,2016(05

　下),30-31.

郭勇峰,2013.企业战略转型的逻辑[J].现代管理科学(01).

郭玉环.新媒体时代我国城市生活类杂志的媒介融合研究[D].山东师范大学,2016年5月

黄健源,黄奎,2010.《第一财经周刊》VS美国《商业周刊》[J].传媒(5).

惠宁,2012.产业经济学[M].北京:高等教育出版社.

Jenkins,2001.Convergence?I Diverge[J].Technology review(6).

蒋宏,徐剑,2006.新媒体导论[M].上海:上海交通大学出版社.

凯文·凯利,2014.科技需要什么[M].北京:中信出版社.

克里斯·安德森,2006.长尾理论[M].北京:中信出版社.

李欣人.2015年美国自出版发展概述[J].出版发行研究,2016(5):86-89.

李又安.出版活动新平台——APP or WeChat [J],出版广角,2017(5):6-8.

李远涛,2010.中国图书出版产业的竞争趋势[J].编辑学刊(5).

李舟,2014.腾讯公司的盈利模式研究[D].上海外国语大学.

梁晓建,等,2016.我国期刊数字化公益传播研究[J].中国科技期刊研究(2).

刘碧云,2010.科技期刊数字化转型的隐忧与出路[J].出版发行研究(8).

刘雨涵,2014.期刊的APP数字出版研究[D].山东大学.

刘玉先.中南传媒CNONIX应用示范工程推进顺利 旗下单位全面参与,红网官方微博,

　2015-04-24.

马小琪.信息栈视角下微信公众平台出版模式研究[J].出版发行研究,2017(7):27-30.

马歇尔·麦克卢汉,2011.理解媒介——论人的延伸[M].南京:译林出版社.

孟建,赵元珂,2006.媒介融合:黏聚并造就新型的媒介化社会[J].国际新闻界.

孟耀,2015.新媒体与数字出版[M].大连:东北财经大学出版社.

聂振宁,2014.媒介融合:图书出版业独特融合之道[J].科技与出版(9).

欧阳斐斐.我国新媒体版权保护环境问题分析[J].编辑之友,2016(06),91-95.

潘文年,何培瑶. 新媒体环境下电子音像出版社全媒体出版策略分析[J]. 中国出版,2015（07）:40-44.

彭芳,2016.互联网时代对期刊出版要素的再认识[J].出版发行研究(7).

彭芳,余方,金建华,董燕萍,2016."互联网+"时代对期刊出版要素的再认识[J].出版发行研究(7).

彭兰,2006.从新一代电子报刊看媒介融合走向[J].国际新闻界(7).

任杰,2015.融媒背景下行业期刊的困境与突围——《以广告人杂志为例》[D].天津师范大学.

尚春光,出版社微信公众号群建设特点、问题与对策[J].中国出版,2015(18)45-47.

申玲玲,出版社微博营销中的信息选择与关系维护[J].当代传播,2015(02):106-107.

施磊. 财经类杂志的新闻生产——以《第一财经周刊》为例[D]. 复旦大学.

孙坚华,2016.新媒体革命——为什么传统媒体屡战不胜[M].北京:电子工业出版社.

泰勒·谢德勒,2015.移动思维变革[M].北京:中信出版集团.

唐若晗. 大众摄影_杂志的数字化转型探讨[D].华中师范大学,2016年5月.

田红媛. 重点实验室发力出版深度融合,中国出版传媒商报,2017-08-11.

Teece D J, Pisano G, Shuen A. Dynamics capabilities and strategic management[J]. Strategic Management Journal,1997,18(7):509-533.

汪小靖,2014.《传媒》期刊的数字化转型构想[D].武汉理工大学.

王丹,林放. 大数据时代中国出版集团数字化转型的思考和探索[J].出版广角,2015(16):11-13

王丹. 大数据时代中国出版集团数字化转型的思考和探索[J].出版广角,2015年8月下:11-13.

王梅佳. 出版企业新媒体平台运营的探索[J].出版广角,2016(9):41-43

王潇墀. 自出版平台服务模式分析评价研究[D].北京印刷学院,2016年12月.

王欣然,2013.时尚期刊数字化发展之路探析——以《瑞丽》品牌为研究对象[D].暨南大学.

王欣然,时尚期刊数字化发展之路探析--以《瑞丽》品牌为研究对象[D].暨南大学,2013年5月.

王雪莉,张力军,2005.企业组织革命[M].北京:中国发展出版社.

王耀先,2001.出版社的经营管理[M].沈阳:辽海出版社.

沃尔特·艾萨克森,2014.乔布斯传[M].北京:中信出版社.

吴锋,罗赟杰,2015.媒体融合发展的四种策略——基于国内4家上市新闻传媒单位的个案分析[J].中国出版(2).

向玉萍.新民周刊_的新媒体发展战略[D].复旦大学,2014年4月.

项保华,邵军.企业超常业绩成因试析:基于资源能力观的经济租金理论解释[J].南开管理评论,2004(4):18-22.

谢文亮,2016.互联网+下期刊出版的体制机制创新[J].中国科技期刊研究(7).

谢文亮,梁洁,郑添尹,2016."互联网+"下学术期刊的管理与经营机制创新[J].中国科技期刊研究(7).

新闻出版总署图书出版管理司,2008.中国图书出版产业报告[M].北京:中国人民大学出版社.

徐冲冲,2015.互联网思维影响下企业文化的新表现[J].商(32).

徐妙,郭全中,2016.国外期刊互联网转型的现状与策略分析[J].出版发行研究(9).

徐沁,2008.媒介融合——新闻传播业的新趋势[J].东南传播(6).

颜帅,张昕,2014.科技期刊如何服务于创新型国家建设[J].科技与出版(1).

杨继承,吴星,2015.河北省期刊数字化出版SWOT分析及发展策略[J].河北师范大学学报(哲学社会科学版)(3).

杨玲,2013.媒介融合视阈下的出版企业动态能力构建及培育机制研究[D].北京:北京交通大学.

杨溟,2013.媒介融合导论[M].北京:北京大学出版社.

杨中举,等,2016.微传播研究[M].西安:西安交通大学出版社.

应中伟,2011.中国出版企业核心能力研究[M].广州:广东人民出版社.

余树华,2012.论期刊数字化与期刊体制创新[J].出版发行研究,(10).

翟羽茜,安珊珊,2016.传统杂志的数字化转型与融合发展——以康泰纳仕集团下属杂志为例[J].新闻世界(2).

张波,App在高校教材出版领域的运用[J].出版参考,2014(21):22-23.

张新华,2010.转型期中国出版业制度分析[M].北京:中国传媒大学出版社.

张养志,2016.经济学视域下的互联网思维[M].北京:文化发展出版社.

张志强,2011.2010年中国出版回顾[J].编辑之友(1).

周景勤.国有企业建立职业经理人制度的若干问题,中华工商时报,2016-07-26.

周敏,王阳."平台开放"走向"作者至上":自出版新路径探究——以美国图书出版系统
　　Pronoun为例[J].科技与出版.2016(01):83-87

朱德东,王仕永,2016."互联网+"时代期刊出版工作的创新[J].科技与出版(7).

朱天,梁英,2015.新媒体与传媒产业生态[M].上海:复旦大学出版社.